국가경쟁력,
중견기업에서 답을 찾다

국가경쟁력, 중견기업에서 답을 찾다

국가경쟁력 리노베이션 전략

이홍 지음

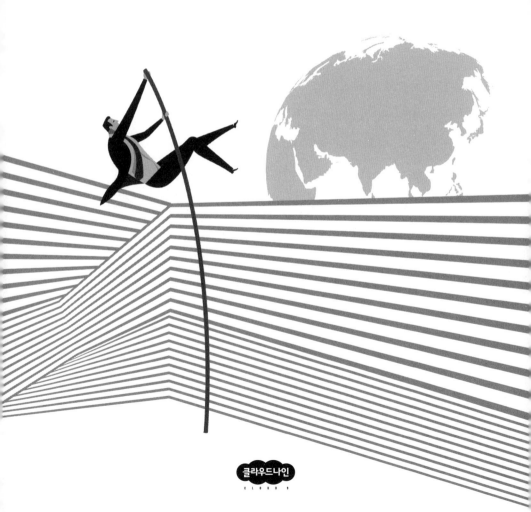

클라우드나인
CLOUD 9

중견기업을 생소하게 생각하는 사람들이 많을 것으로 보인다. 그도 그럴 것이 중견기업이라는 단어가 본격적으로 퍼지기 시작한 것은 2014년 「중견기업 성장촉진 및 경쟁력 강화에 관한 특별법」이 발효되면서다. 이때부터 중견기업이라는 단어가 사람들의 머릿속으로 조금씩 파고들기 시작했다. 역으로 말하면 많은 사람들에게 중견기업이라는 단어는 아직도 매우 생소하다는 뜻이다. 사람들에게 어떤 기업의 이름을 말해주면 "어! 그게 대기업이 아니고 중견기업이었어?" 하는 반응을 보이기도 한다.

예를 들어보자. 제약회사 중 광동제약, 보령제약, 종근당이 중견기업이다. 참치캔을 선보인 동원산업과 사조산업도 중견기업이다. BBQ치킨으로 유명한 제너시스BBQ, 보일러를 생산하는 귀뚜라

미, 주방용 가스레인지를 만드는 린나이코리아, 아파트와 주택에
자연마루를 공급하는 동화기업, 면도날을 제조하는 도루코, 공작
기계를 만드는 두산공작기계, 레미콘을 제조하는 삼표산업도 중견
기업이다. 또 있다. 우유로 유명한 매일유업, 닭고기 제조업체 마
니커, 볼펜으로 유명한 모나미, 피아노를 만드는 삼익악기, 샘표간
장으로 알려진 샘표식품, 가구의 대표주자 보루네오가구, 부엌가
구로 유명한 한샘, 아래한글을 만든 한글과컴퓨터, 쿠쿠밥솥을 만
드는 쿠쿠전자, 패션업계의 떠오르는 별 패션그룹 형지, 침대 하면
떠오르는 브랜드 에이스침대, 화장품 ODM 개발사인 콜마와 코스
맥스. 식품업계를 주무르는 풀무원식품, 레미콘 생산과 렌터카를
운영하는 아주그룹, 임플란트의 거장 오스템임플란트, 실내골프를

개척한 골프존, 화장품을 만드는 참존도 중견기업이다. 여기에 법률사무소로 유명한 김앤장 법률사무소와 롯데관광, 삼일회계법인, NS홈쇼핑, 한국능률협회도 중견기업이다.

그러면 이들만 중견기업일까? 아니다. 일반인들에게는 잘 알려지지 않았지만 중견기업들 중에는 글로벌 수준의 막강한 경쟁력을 가진 곳이 수두룩하다. 이들을 잘 모르는 이유는 숨어 있어서다. 페인트업계의 조광페인트, 자동차 헤드라이트의 SL, 무선통신장비의 크루셜텍, 자동차 엔진용 부품의 태양금속 등은 글로벌 수준의 강자들이다. 이들은 건설, 자동차, 전자산업과 같은 특정 산업 내에서 몇몇 기업들과만 사업하다 보니 일반인들이 알기 쉽지 않았다. 한국에는 이런 중견기업들이 4,000개 넘게 있다. 이 숫자에 "그렇게 많아?"라는 반응을 보일 수 있다. 절대적 숫자만 보면 그렇게 느껴진다. 하지만 많다 적다의 개념은 상대적이다. 우리나라 전체 기업 수를 기준으로 보면 중견기업의 비중은 매우 미미하다. 전체 기업 수 대비 채 1%가 안 된다. 다른 나라의 기업비중과 비교해도 그렇다. 중소기업의 천국으로 알려진 대만보다도 한국의 중견기업 비중은 낮다.

중견기업 비중이 약하다는 것이 무슨 문제일까? 중소기업 있고 글로벌 수준에서 자리잡은 대기업 있으면 되지 중견기업이 많다고 뭐가 달라지는 것이냐는 질문을 할 수 있다. 이 책의 상당 부분이 왜 그런지를 설명하기 위해 마련되었다. 1장부터 7장까지의 내용이 이것을 설명한다. 다소 긴 분량이다. 이렇게 하지 않으면 중견기업에 대한 이해가 피상적으로 흐를까 봐 자세히 설명하다 보니 그렇게 됐다. 국가경쟁력에 중견기업이 왜 필요한지, 중견기업이 경제위기 상황에서 어떤 역할을 하는지, 중견기업의 국가 수준에서의 생산성은 어떠한지, 중견기업은 사회에 어떤 기여를 하는지 등이 설명되어 있다. 요약하면 전체 기업 수 대비 그 비중은 비록 미미하지만 그 국가적 가치가 매우 크다는 것이다. 이 가치를 주요 국가들이 인식했다. 독일은 1990년대 유럽의 병자였다. 이 문제를 해결하는 과정에서 중견기업의 중요성을 깨달았다. 이후 독일은 중견기업, 즉 미텔슈탄트 육성에 모든 것을 걸었다. 그렇게 하여 독일은 중견기업 강국이 되었다. 역사적으로 독일과 앙숙인 프랑스가 독일경제의 부흥을 보고 깜짝 놀랐다. 그 핵심에 중견기업이 있음을 안 후 이 나라도 중견기업 키우기에 나섰다. 대만도 독일의 미텔슈탄트에 감명을 받아 중견기업 육성에 나섰다. 전체 기업 중 중견기업의 비율을 살펴보면 대만은 한국의 1.5배에 달한다. 그럼에도 불구하고 대만은 이 기업군을 더 크게 육성하기 위해 혼신의 힘을 다하였다. 일본도 외부적 충격에 버티는 힘이 강한 중견기업을 소리 없이 키웠다.

한국의 현실은 이와는 정반대다. 중견기업의 비중이 제일 약함에도 한국에서 중견기업은 찬밥 신세를 면하지 못하고 있다. 이는 국가적 시각에서 볼 때 매우 위험하다. 한국경제는 고용에서는 중소기업에게 절대적으로 의존하고 있고 부가가치는 대기업에 절대적으로 의존하는 양극경제를 가지고 있다. 이런 상황에서 외부적 충격이 오면 한국경제는 속절없이 무너지기 쉽다. 외부적 충격에 취약한 중소기업이 먼저 무너지면서 한국의 실업률은 폭등할 것이다. 외부적 충격에 강한 대기업들이 있지만 운 나빠 이들 중 한두 개라도 무너지면 한국경제는 그야말로 치명상이다. 이런 일들이 실제로 일어날 수 있다. 2008년도의 미국발 글로벌 금융위기가 이것을 증명했다. 중소기업에만 의존하다 국가가 부도 수준의 나락으로 떨어진 이탈리아 그리고 대기업인 노키아에 의존하다 글로벌 금융위기의 희생양이 된 핀란드가 좋은 예다. 한국은 불행히도 이탈리아와 노키아를 합친 것과 같은 경제구조를 가지고 있다. 외부적 충격이 올 경우 그 충격이 두 배로 나타나기 딱 좋은 나라라는 말이다. 이것을 막기 위해서는 외부충격에 어느 정도 버티는 힘이 있는 중견기업들이 많아야 한다. 일부 중견기업이 쓰러지더라도 다른 중견기업이 있어 국가경제가 도미노로 무너지는 사태를 막을 수 있어서다. 불행히도 한국에는 이런 중견기업의 수가 턱없이 부족하다.

왜 한국에서 중견기업은 찬밥일까? 그 저변에는 많은 사람들이 중견기업을 대기업이라고 생각하는 인식이 깔려 있어서다. 일반인들뿐만 아니라 국가경영에 참여하는 많은 사람들도 그렇게 생각한다. 그래서 왜 다 큰 기업을 지원하느냐고 반문한다. 이런 생각이 강하다 보니 한국에서는 중소기업과 벤처기업을 육성하는 것만이 국가의 의무라고 생각한다. 그리고 중소기업이 중견기업이 되는 순간 지원에서 손을 뗀다. 지원을 해도 초기 중견기업에게만 혜택을 준다. 초등학교와 중고등학교(중소기업과 벤처기업)까지는 온 힘을 다해 아이들을 지원하다가 대학교(중견기업)만 들어가면 부모들이 손을 놓는 현상과 비교할 수 있다. 대학교에 다니는 학생들에게 부모들이 더 세심한 신경을 써주어야 건강한 사회인이 됨에도 말이다. 그러다 보니 한국에서는 중견기업이 되지 않기 위해 노력하는 이상한 일이 벌어지고 있다. 피터팬 증후군이다. 어른이 돼도 아이를 벗어나기 싫어하는 피터팬에 빗댄 말이다. 성장으로 기업이 커진 중소기업들 중에는 피터팬이 되기 위해 편법을 사용하고 있다. 회사를 작게 쪼개서 중소기업을 유지하는 것이 대표적이다. 왜 그럴까? 받던 혜택을 줄이기 싫어서다. 중소기업에게 주는 여러 혜택을 받아 간신히 기업을 운영했는데 몸집이 커졌다고 어느 날 지원이 끊기면 나락으로 떨어질까 봐 겁이 나서다. 이것이 한국이 가지는 중견기업에 대한 현실이다. 이러다 보니 한국은 중소기업과 대기업에 의해서만 경제가 돌아가는 양극경제의 모습만 심화되고 있다.

이 책은 중견기업에 대한 이런 인식이 전적으로 잘못됐음을 지적하기 위해 마련되었다. 중견기업은 대기업이 되었으니 지원을 멈춰야 하는 기업군이 아니라 미래에 있을지 모르는 국가적 변란에 대응하기 위해 강력하게 키워야 하는 기업군이다. 독일은 물론이고 프랑스, 일본, 대만 등이 앞장서서 중견기업을 키우려고 하는 이유다. 이들은 중견기업을 키우면 그 비용에 비해 국가경제와 사회에 더 큰 이득이 됨을 알고 있다. 한국은 이런 추세에 눈을 뜨지 못하고 있다.

누구를 지원하든 정책적 지원은 특혜를 동반한다. 국가가 특혜를 줄 때 고려해야 할 것이 있다. 특혜로 인해 들어가는 비용과 수혜를 입는 기업들이 국가 수준에서 어떤 기여를 하는지를 따져보는 것이다. 이 책은 이런 분석을 통해 중견기업이 왜 중요한지를 설명한다. 하지만 오해는 말자. 중견기업을 키우자는 것이 중소기업을 홀대하고 대기업을 무시하자는 말이 아니다. 중견기업은 중소기업과 대기업 사이에 위치한 기업이다. 다시 말해 건강한 중소기업들이 육성되지 않고서는 좋은 중견기업이 있을 수 없다는 말이다. 그리고 우수한 중견기업들이 태어나야 한국에 경쟁력이 센 대기업이 태어날 수 있다. 이렇게 돼야 한국이 막강한 국가가 될 수 있다.

이 책의 목적은 단 하나다. 한국이라는 나라가 강력한 국가경쟁력을 가질 수 있는 방법을 찾아보자는 것이다. 그 한 방편을 이 책은 중견기업에서 찾았다. 모쪼록 이 한 권의 책이 중견기업에 대한 인식을 새롭게 하고 국가가 경쟁력을 가지는 데에 일조했으면 하는 바람이다.

이 책을 쓰는 데 여러분들의 도움을 받았다. 중견기업연합회 강호갑 회장님의 격려를 많이 받았다. 중견기업에 대해 큰 애정을 가진 분이라 이 책에 지대한 관심을 보여주셨다. 반원익 부회장님과 조병선 연구원장님에게도 감사의 말씀을 드리고 싶다. 책의 집필에 진심으로 응원해주신 분들이다. 이 책의 출판을 기꺼이 수락해주신 출판사 클라우드나인의 안현주 대표님과 장치혁 대표님에게도 감사의 말씀을 전한다. 마지막으로 책을 쓸 수 있는 작은 역량이라도 주신 하나님께 감사를 드린다.

2019. 5
이홍

차례

1부

국가경쟁력
강화 방향

1장

국가경쟁력 리노베이션의 필요성

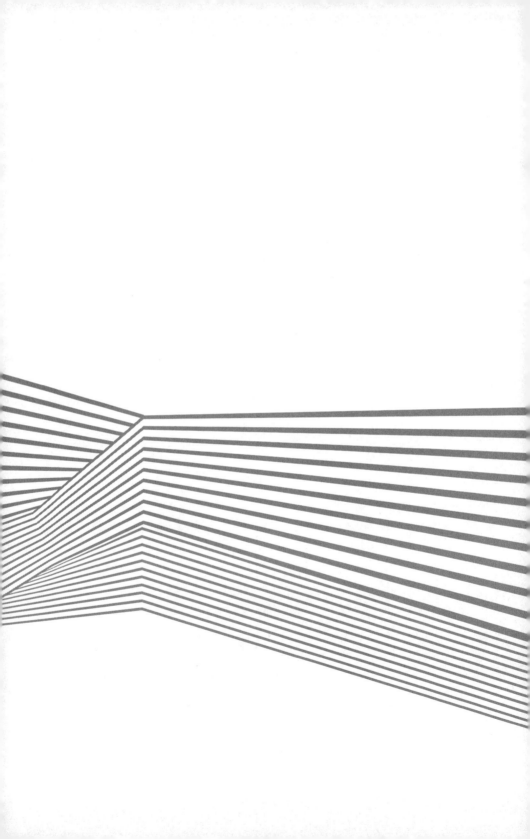

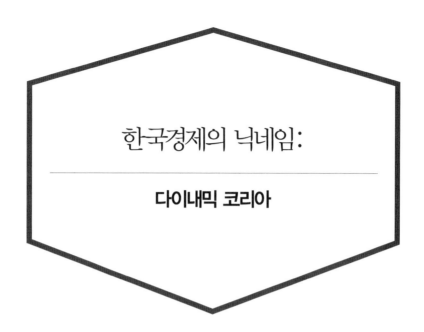

한국경제의 닉네임:

다이내믹 코리아

한국을 설명할 때 사용되는 단어가 하나 있었다. 다이내믹 코리아 Dynamic Korea이다. 다이내믹을 우리말로 하면 '역동적인'이 된다. 따라서 다이내믹 코리아는 '역동적인 한국'이라는 말이다. 이 말은 눈부시게 변화하며 질주하는 한국경제를 표현하기 위해 사용되었다. 과거한국은 전 세계가 놀랄 만한 경이로운 경제성장을 이루었다. 1960년대 싸구려 옷가지나 가발을 팔던 한국은 1970년대에 들어서자 자동차와 선박을 만들기 시작하였고 전자제품을 세계시장에 팔기 시작했다. 경제성장률도 전 세계를 경악시켰다. 1970년 한국경제는 10.0%의 국내총생산GDP 성장률을 보였다. 1973년에는 14.8%의 성장률을 보였다. 이 추세는 1978년까지 이어졌다. 이 기간 평균 국내총생산 성장률은 10.7%였다.

1979년에 문제가 불거졌다. 한국경제가 붕괴하는 사건이 터졌다. 2차 오일쇼크 발발이다. 1980년의 한국 경제성장률은 마이너스 1.7%로 곤두박질쳤다. 1973년에도 오일쇼크(1차)가 있었다. 이집트와 시리아가 이스라엘을 공격하면서 중동전쟁이 재발하면서다. 미국은 우방국인 이스라엘에 무기를 공급하였고 이에 반발한 아랍 국가들이 미국에 석유 수출을 중단하면서 원유가격이 두 배 이상 폭등했다. 이것이 1차 오일쇼크다. 한국경제는 부도 수준의 나락으로 떨어졌다. 1979년 비슷한 일이 다시 터진 것이다. 친미적 성향을 보이던 이란의 팔레비 정권이 붕괴하고 반미 정부가 들어서면서 석유 수출이 중단되면서다. 기름 한 방울 안 나는 한국이 직격탄을 맞았다. 그 결과가 1980년의 마이너스 1.7% 경제성장률이다. 전년도 8.6% 성장과 비교하면 무려 10.3%의 성장률 붕괴가 있었다. 그런데 놀라운 일이 벌어졌다. 암울하기만 하던 한국경제는 1981년 국내총생산 성장률 7.2%로 복귀했다. 그리고 1983년에는 13.2%의 성장률을 보였다. 세계는 다시 경악했다. 한국이라는 나라를 이해하기 어려웠다. 1987년에도 비슷한 12.5%의 국내총생산 성장률을 보였다. 그리고 이러한 여세는 1991년까지 이어졌다. 이 해 10.4%의 성장률을 보였다. 2차 오일쇼크를 극복한 1981년부터 계산하면 무려 11년 동안 평균 9.95%의 초고속 성장이 일어났다. 한국은 마술을 부리는 국가였다.

또 한 번의 위기가 한국을 찾아왔다. 태국, 말레이시아, 인도네시아 등 아시아 국가들에서 시작된 외환위기가 한국을 강타했다. 약 1,000억 달러에 이르는 해외 단기부채가 발목을 잡았다. 아시아가 어려워지면서 세계 금융기관들은 덩달아 한국의 채무에 대해서도 만기 연장을 거부했다. 그러자 달러가 고갈되었다. 이 해가 1997년이었다. 1998년 1월 한 달 만에 3,300여 개의 기업이 도산했다. 실업률도 폭등했다. 한국의 국내총생산 성장률은 마이너스 5.5%로 주저앉았다. 1999년 2월의 실업률은 8.7%로 뛰었다. 1997년 12월의 실업률은 3.1%에 비하면 2.8배가 높아졌다. 시중에 돈이 부족해지자 은행들이 금리를 30% 수준까지 올렸다. 한국의 재벌 순위 3위였던 대우그룹이 무너졌다. 한국정부는 국제통화기금IMF과 세계은행IBRD 그리고 아시아개발은행ADB에서 350억 달러를 빌렸다. 그리고 미국, 일본, 프랑스, 독일, 영국, 호주, 캐나다 등에서도 200억 달러를 빌렸다.

한국이 국제적 이목을 다시 끌었다. 2001년 한국은 IMF로부터 빌린 돈을 모두 갚았다. 외환위기 발생 후 3년 만의 일이다. 세계경제 역사상 이런 일은 없었다. 그리고 다시 고속성장으로 진입했다. 1998년의 마이너스 성장을 극복하고 1999년 11.3%, 2000년 8.9%로 경제성장률이 회복했다. 1998년의 마이너스 성장에 따른 기저효과를 고려해도 경제회복 속도는 세계를 다시 놀라게 하기에 충분했다. 2003년과 2005년 잠시 저속성장이 있었지만 2006년 5.2% 그리고

2007년 5.5%라는 견실한 성장이 이루어졌다. 이런 저력이 쌓이자 '다이내믹 코리아'는 한국경제의 역동성을 표현하는 대표적인 수식어가 되었다.

또 한 번 한국을 시험하는 위기가 다가오고 있었다. 2008년 미국에서 시작된 금융위기가 한반도를 강타했다. 미국의 악성 부동산 채무가 미국과 전 세계 금융계를 파산으로 몰아갔다. 전 세계에 돈이 돌지 못하자 한국도 직격탄을 맞았다. 2009년 경제성장률이 0.7%로 급락했다. 세계는 다시 한국을 쳐다보았다. 이번에도 이변을 만들어 낼 수 있을까? 불행하게도 한국은 여기까지였다. 미국발 금융위기가 터지자 한국경제는 저성장 시대로 접어들기 시작했다. 3%의 경제성장률을 보이면 그나마 낮은 편이었다. 2010년 반짝 6.5%의 성장을 보였지만 이는 2009년의 성장률이 0.9%였음에 대한 반작용, 즉 기저효과였다. 이후 한국은 2012년 2.3%, 2013년 2.9% 등 성장률 빈곤 상황에서 벗어나지 못했다. 이유를 이렇게 설명할 수도 있다. 한국의 국가경제 규모가 커지면서 과거의 1%와 지금의 1%는 의미가 다를 수 있다는 것이다. 물론 틀린 말은 아니다. 하지만 2010년 이후 한국은 세계 평균 경제성장률에도 미치지 못하는 성장률을 보이기 시작했다. 이전의 한국경제는 전 세계 평균 성장률을 크게 앞섰다. 국제적 변란을 겪어도 언제 그랬냐는 듯이 세계 경제성장률을 다시 압도했다. 하지만 2010년이 지나면서 한국은 이런 실력을 보여주지 못하고 있다. 그러면서 다이내믹 코리아는 한국을 더 이상 설명하지 못하는 단어가 되었다.

〈그림 1–1〉 한국의 연도별 GDP 경제성장율(1970년 이후) [1]

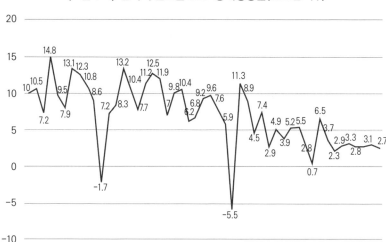

이런 흐름을 보여주는 것이 〈그림 1-1〉이다. 1970년 이후 한국의 국내총생산 성장률 추이를 알 수 있다. 2010년 이후에는 급격히 경제성장률이 주저앉고 있음을 볼 수 있다. 〈그림 1-2〉는 한국의 경제위기 구간별 국내총생산 경제성장률과 세계 경제성장률을 보여주고 있다. 인상적인 것은 2007년의 글로벌 금융위기 이전까지 한국의 구간별 평균 경제성장률은 국가 위기 구간을 제외하고 항상 세계경제성장률을 크게 앞선 것이다. 〈그림 1-3〉은 2010년 이후의 한국의 경

제성장률과 세계의 경제성장률을 비교한 것이다. 불행히도 2010년 이후부터 한국은 구조적으로 세계 경제성장률을 따라잡지 못하고 있다. 그러면서 다이내믹 코리아라는 단어의 추억도 사라졌다. 세계 다보스 포럼 등에서 그간 한국은 항상 주목의 대상이었다. 하지만 이들도 활력이 사라진 한국에 관심을 잃기 시작했다. 잊혀져가는 존재가 된 것이다.

〈그림 1-2〉 위기 구간별 한국의 GDP 경제성장률과 세계 GDP 경제성장률[2]

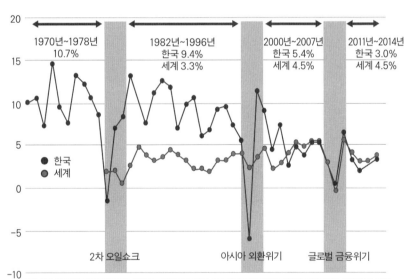

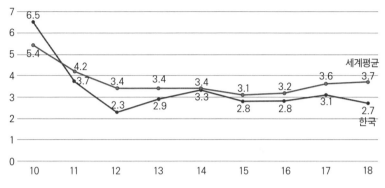

〈그림 1-3〉 한국의 GDP 경제성장률과 세계 GDP 경제성장률(2010년 이후)[3]

주) 2018년 세계 평균 GDP 성장률은 OECD 추정치

다이내믹 코리아에서 멀어지는 한국:

경쟁력 열위 고착화

왜 한국은 과거의 영화를 되찾지 못하고 있는 것일까? 글로벌 경제 환경 변화에 민감하게 반응하는 한국경제의 특징이 한 이유가 된다. 글로벌 경기에 변화가 생기면 한국은 직격탄을 맞는다. 2008년의 미국발 금융위기로 한국이 어려움에 처한 것이 예다. 금융위기 이후 글로벌 경제가 식자 글로벌 해운산업이 망가졌다. 한국의 조선업도 직격탄을 맞았다. 특히 미국이나 중국에서 문제가 생기면 그 영향이 한국에 증폭되어 나타난다.

이유는 한국의 무역의존도 때문이다. 한국경제에서 무역이 차지하는 비중은 매우 높다. 〈그림 1-4〉를 보면 한국은 1990년에 이르러서 국내총생산 대비 51.3%의 무역비중을 보였다. 이 수치는 2011년

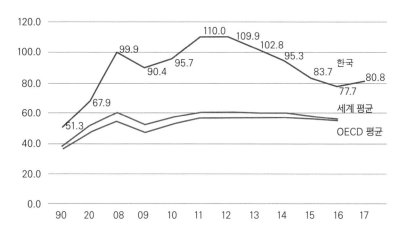

〈그림 1-4〉한국의 무역의존도: 세계 및 OECD 평균과의 비교(GDP 대비 %)[4]

에는 110%까지 치솟는다. 이후 점차 낮아져 2016년 77.7% 2017년 80.8%로 안정화되었지만 다른 나라들과 비교하면 여전히 높다. 세계 및 OECD 국가들의 평균 무역비중은 60%를 넘지 않는다. 이로 인해 한국은 글로벌 경기, 특히 한반도를 둘러싼 미국, 일본, 중국 경제의 영향을 크게 받고 있다.〈그림 1-5〉를 보면 이유를 쉽게 알 수 있다. 한국의 무역의존도가 이들 나라의 최소 두 배에서 세 배가 넘는다. 중국의 무역의존도는 2000년대 이후 대체로 40%대를 유지하고 있다. 2016년과 2017년에는 37%와 37.8%로 무역의존도가 30%대로 진입했다. 일본 역시 20~30%대의 무역의존도를 보이고 있다. 미국은 일본보다도 낮은 무역의존도를 보이고 있다. 이런 상황에서 한국은 전체 무역의존도뿐만 아니라 이들 세 나라에 대한 무역의존도가 특히 높다. 수출과 수입이 이들 나라에 편중되어서다. 따라서 이들 국가에서 문제가 생기면 한국은 몸살을 앓는다.

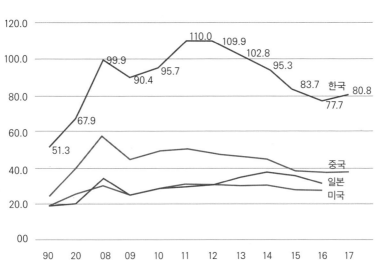

〈그림 1-5〉 한국의 무역의존도: 주요 3개국과의 비교(GDP 대비 %)[5]

하지만 이것은 한국경제의 저성장을 설명하는 한 요인일 뿐 근원적 이유는 아니다. 한국의 글로벌 경쟁력 열위 고착화가 보다 큰 원인이다. 여기에는 세 가지 이유가 있다.

- 산업구조의 문제점
- 기업 세대교체의 문제점
- 양극경제의 문제점

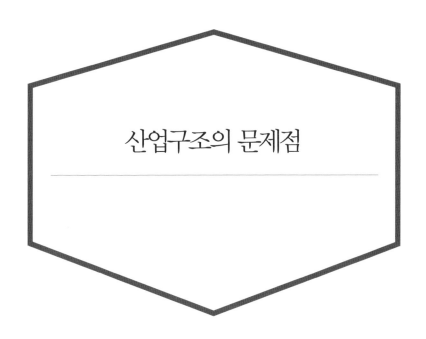

산업구조의 문제점

과거 한국은 노동력에 의존하는 경공업에서 기술과 중후한 생산설비를 기반으로 하는 중화학 산업으로 성공적인 변신을 했다. 그 결과 1970년대 이후 지금까지 국가경제의 큰 버팀목이 돼주었다. 2000년대를 넘어서면서 문제가 생겼다. 이들 중화학 산업이 수명주기상 포화기나 쇠퇴기에 들어가기 시작하면서다. 제품이나 서비스도 태어나서 죽어가는 일생을 산다. 이것을 수명주기라고 한다. 이들이 태어나서 시장에 진입하는 시기를 도입기라고 한다. 제품이나 서비스가 개발된 후 시장에 등장하는 시기이다. 도입기를 지나 수요와 이윤이 급격히 느는 시기를 성장기라고 한다. 이 시기를 지나면 수요와 매출이 정체되고 경쟁이 심해지면서 이윤도 박해지는 시기가 온다. 포화기라고 한다. 포화기를 지나면 기존 제품이나 서비스 시장이 사라지는 국면에 이르게 된다. 쇠퇴기이다. 〈그림 1-6〉이 수명주기를 설명한다.

〈그림 1-6〉 제품·서비스 수명주기

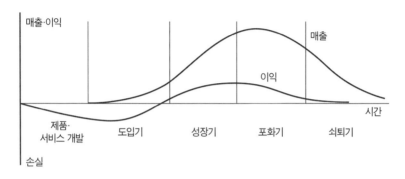

기업들은 대체로 각자의 수명주기를 갖는 제품이나 서비스에 의존해 살아간다. 한국 중화학 산업의 대표주자인 조선업은 전형적으로 포화기나 쇠퇴기 국면에 들어선 지 오래다. 벌크선과 같은 선박은 쇠퇴기 제품이다. 이곳은 더 이상 한국기업들이 생존할 수 있는 시장이 아니다. 그나마 부가가치가 있는 LNG선도 포화기 제품이다. 가전제품이나 철강산업 역시 포화기로 진입한 지 꽤 시간이 지났다. 불행히도 한국을 지탱하는 중화학 산업들의 대부분이 포화기에 들어와 있거나 쇠퇴기로 진입 중이다. 이 시기의 경쟁우위는 원가다. 싼 가격을 유지해야 돈을 벌 수 있는 시기다. 중화학 산업에 의존하고 있는 대부분의 한국 대기업들이 여기에 포진해 있다. 스마트폰도 이미 포

화기 시장으로 진입하고 있다. 2007년 애플의 아이폰으로 점화된 스마트폰 시장은 애플과 삼성전자의 양강 체제로 유지되고 있었다. 최근에는 중국기업들이 대거 진입하면서 전형적인 원가경쟁 시대로 돌입했다. 애플과 삼성전자가 고가 스마트폰으로 경쟁하고 있지만 중국의 저가 스마트폰 위세가 대단하다. 이미 글로벌 시장에서의 시장점유율은 출하량 기준으로 중국기업들인 화웨이, 샤오미, 오포, 비보 등이 삼성전자와 애플을 넘어선 상태다. 한때 중국 시장점유율 1위였던 삼성전자의 스마트폰 점유율은 2018년 들어 0~1%대로 진입했다. 중국기업들이 유사한 품질의 스마트폰을 저가로 판매하고 있기 때문이다.

기업 세대교체의 문제점

더 큰 문제는 중화학 산업의 피로도를 극복할 새로운 기업이 보이지 않음이다. 한국 중화학 산업의 특징은 수직계열화다. 대기업이 정점에 있고 다른 기업들이 아래에 포진하여 돈을 버는 구조다. 불행히도 최상위 대기업들의 제품과 서비스가 수명주기상 포화기나 쇠퇴기로 빠져들면서 부가가치가 낮아지고 있다. 연쇄적으로 수직계열화 속의 모든 기업의 부가가치가 낮아지고 있다. 계열화의 말단으로 갈수록 이 문제는 심화된다. 이의 극단적 예가 조선업이다. 초대형 조선사들이 허덕이자 계열 속의 기업들도 허덕이고 있다. 아무리 운동경기를 잘하는 팀도 적절한 수준에서 세대교체가 이루어지지 못하면 경쟁에서 낙오할 수밖에 없다. 경제도 마찬가지다. 축구팀으로 비유한다면 한국 팀은 1970~1980년대를 주름잡던 선수(기업)들이 아직도 뛰고 있는 형국이다. 노쇠한 기업들이 지금도 주력 선수로 뛰고 있다. 한국과 경쟁을 벌이는 다른 나라들은 젊은 유망기업들로 세대교체가 이루어지고 있음에도 말이다.

　미국경제가 지속적으로 탄력성을 갖는 이유도 여기에 있다. 미국은 S&P 500이라는 주가지수를 운영하고 있다. 스탠다드앤푸어Standard and Poors사가 작성하는 지수로 여기에는 미국의 우량주식 500개 기업이 포함되어 있다. 미국경제가 망할 듯하다가도 다시 일어서는 이유는 기업 세대교체가 원활하기 때문이다. 〈그림 1-7〉이 이것을 보여준다. S&P 500 기업이 지수에 편입되어 머무르는 평균 존속기간이 나타나 있다. 1960년대 이전만 해도 60년 넘게 존속하며 우량기업의 면모를 자랑하던 기업들이 많았다. 1970년대에 들어서면서부터 이 기간이 45년 수준으로 대폭 짧아졌다. 2010년대에는 채 20년을 넘지 못하고 있다. 2027년 정도가 되면 10년 수준으로 떨어질 것이 예측되고 있다.

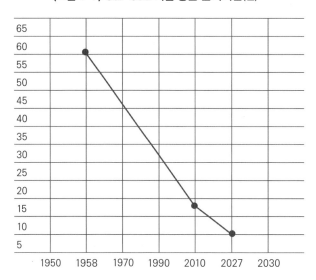

〈그림 1-7〉S&P 500 기업 평균 존속기간(년)[6]

한국은 미국과 비교하면 어느 정도의 세대교체가 일어나고 있을까? 시가총액 상위 10개 기업을 비교해보면 알 수 있다. 먼저 미국의 상황이다. 〈표 1-1〉을 보면 미국의 경우 시가총액 상위 10개사가 매우 빠르게 대체되고 있음을 알 수 있다. 1980년에서 1990년 10년 사이에 70%의 기업이 대체되었다. 이후 약 50~70%의 대체율을 보이면서 새로운 기업들이 밀고 올라왔다. 물론 시가총액 상위 10개사에서 빠졌다고 이 기업이 사라진 것은 아니다. 주식가치가 상위 10개사에서 탈락하였음을 의미한다.

1980년	1990년	2000년	2010년	2018년(7월기준)
IBM	IBM	GE	엑슨모빌	애플
AT&T	엑슨모빌	엑슨모빌	애플	마이크로소프트
엑슨모빌	GE	화이자	마이크로소프트	아마존
스탠더드 오일 인디애나	필립 모리스	시티그룹	버크셔 해서웨이의	페이스북
슐룸베르거	로열 더치 페트롤	시스코	GE	버크셔 해서웨이의
쉘오일	브리스톨 마이어스 스큅	월마트	월마트	JP 모건
모바일	머크	마이크로소프트	구글	구글 (알파벳 클래스 C; 알파벳 클래스 A)[1]
스탠더 오일 캘리포니아	월마트	AIG	셰브론	엑슨모빌
애틀랜틱 리치필드	AT&T	머크	IBM	존슨앤존슨
GE	코카콜라	인텔	프록터 앤드 갬블	뱅크오브 아메리카
대체율				
-	70%	60%	70%	50%

주) 1: 알파벳 C와 A는 구글과 구글 자회사의 모회사로 이전의 구글로 볼 수 있음. 이들을 구글로 통일하기로 함.

〈표 1-2〉는 한국 주식시장(코스피)에서의 시가총액 상위 10개사를 살펴본 것이다. 연도별 대체율이 미국과 비교해 평균 10% 이상 낮다. 상대적으로 느리게 대체되고 있다는 말이다. 그 내용면에서도 큰 차

이가 있다. 한국의 경우는 과거의 기업들이 경기의 부침에 따라 시가총액 상위 10개사에 진입하고 빠지는 현상이 반복되었다. 이런 추세는 2000년 이후 더욱 뚜렷하다. 예로 2000년과 2010년을 비교할 때 시가총액 10위로 신규 진입한 기업은 현대자동차, 삼성생명, 현대중공업, LG화학, 현대모비스 그리고 KB금융이다. 하지만 이들은 이미 수십 년간 한국경제에서 확고한 위치를 점하고 있던 기업들이다. 2010년과 2018년에 약간의 변화가 생겼다. 새로 진입한 기업 중 셀트리온이 눈에 띈다. 새로운 유형의 기업이다. 하지만 이를 제외하고 나면 신규로 진입한 SK하이닉스, SK텔레콤과 삼성물산은 이미 잘 알려진 긴 역사를 가진 기업들이다.

이에 비해 미국 시가총액 상위 10대 기업들은 내용면에서 한국과 다르다. 예로 1990년에서 2000년을 비교하면 신규진입한 시스코, 마이크로소프트, 인텔은 전혀 새로운 기업들이다. 2000년과 2010년을 비교해도 비슷하다. 애플과 구글은 기존 기업들이 아니다. 2010년과 2018년을 비교하면 아마존과 페이스북이 눈에 띈다. 이들 역시 새로운 유형의 기업들이다. 종합하면 한국의 기업 세대교체가 미국과 비교해 양적으로 질적으로 낮음을 의미한다.

〈표 1-2〉 한국 주식시장(코스피) 시가총액 상위 10개사[8]

1981년	1990년	2000년	2010년	2018년[2]
우리은행	한국전력	삼성전자	삼성전자	삼성전자
한일은행	포스코	SK텔레콤	포스코	SK하이닉스
하나은행	한일은행	KT	현대자동차	셀트리온
조흥은행	삼성전자	한국전력	신한은행	LG화학
제일은행	제일은행	KTF	한국전력	SK텔레콤
대림산업	우리은행	포스코	삼성생명	포스코
삼성전자	조흥은행	SK하이닉스	현대중공업	현대자동차
LGEI	하나은행	신한은행	LG화학	신한지주
LG	㈜대우	삼성전기	현대모비스	KB금융
한국타이어	현대자동차	주택은행	KB금융	삼성물산[3]
대체율				
-	40%	70%	50%[1]	40%

주) 1: KB금융은 2001년 주택은행과 합병되었음. 이를 고려하면 2000년→2010년의 대체율
은 50%로 볼 수 있음.
  2: 2018년 11월 16일 기준(삼성바이오로직스가 7위였으나 회계 분식 사건으로 거래 금지되어 제외)
  3: 삼성바이오로직스의 제외로 추가됨.

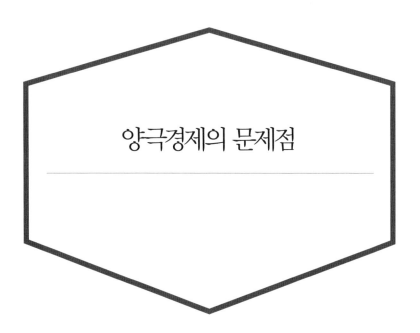

양극경제의 문제점

기업 교체가 느린 이유는 기업 교체를 더디게 만드는 한국의 경제 구조와 관련 있다. 한국은 양극경제로 짜여 있다. 이것이 한국경제가 활력을 잃은 세 번째 이유다. 양극경제란 중소기업과 대기업 두 종류의 기업군만 활발할 뿐 중간에 있는 중견기업들이 미약한 경제체제를 말한다. 이를 보여주는 것이 〈그림 1-8〉이다.

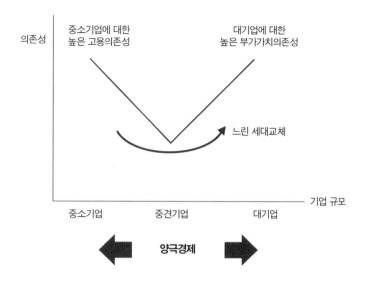

〈그림 1-8〉 한국의 양극경제

한국은 '9988형' 경제구조라고 말한다. 한국 전체 기업 수의 99%를 차지하는 중소기업이 88%의 국가고용을 책임지고 있다는 말이다. 통계청이 '2014 중소기업 위상 지표'라는 자료를 발표한 이후부터 이 말이 사용되었다. 이 해 기준 중소기업(소상공인 포함)은 354만 2,000개로 전체 기업 수의 99.9%를 차지하였고 종사자 수는 1,402만 7,000명으로 전체 기업 종사자의 87.9%를 차지했다.[9] 다시 말해 한국은 중소기업 없이 고용을 해결할 수 없는 나라라는 말이다.[10] 이것이 〈그림 1-8〉의 좌측 그래프다.

또 다른 한편에서 보면 한국경제는 대기업에 대한 의존도가 매우 높은 나라다. 2018년에 발표된 한국의 매출 상위 10대 기업의 매출액 총합은 6,778억 달러로 국내총생산 1조 5,308억 달러의 44.2%에 달했다. 일본과 미국은 이보다 훨씬 낮다. 일본의 경우 매출 10대 기업의 매출 총액은 국내총생산 4조 8,721억 달러의 24.6% 정도인 1조 1,977억 달러였다. 미국은 2조 2,944억 달러로 국내총생산 19조 3,906억 달러의 11.8%였다. 한국경제가 매출과 이로 인한 부가가치 측면에서 대기업에 과도하게 의존하고 있음을 의미한다. 이것을 표현한 것이 〈그림 1-8〉의 우측 그래프다.

양극경제의 가장 커다란 문제는 한국경제의 두 축인 중소기업과 대기업이 분리되어 따로 움직인다는 것이다. 과거에는 대기업과 중소기업이 한몸으로 움직였다. 대기업이 돈을 벌면 중소기업들이 나눠갖는 낙수효과가 있었다. 지금은 이것이 점점 약해지고 있다. 한국 대기업들의 상당수 제품이나 서비스가 수명주기상 포화기와 쇠퇴기로 진입하면서 원가경쟁력 유지를 위해 해외로 생산 기반을 옮기고 있기 때문이다. 그러다 보니 대기업의 낙수효과가 한국이 아닌 해외에서 나타나고 있다. 낙수효과가 있다고 하더라도 중소기업들에 대한 부가가치 배분이 이전만 못하다. 그러면서 중소기업과 대기업의 감정적 골도 깊어졌다. 중소기업과 대기업 모두가 동시에 활력을 잃어가고 있다. 양극경제는 국민들의 대기업을 보는 시각도 바꾸었다. 국민들은 대기업을 자기 이익만 챙기는 집단으로 인식하기 시작했다. 대기업이 중소기업에 제대로 돈을 주지 않아 중소기업이 어렵다고 생각한다. 좋은 직장인 대기업에 가려고 하지만 성장을 멈춘 대기업들이 충분한 일자리를 주지 못하고 있다. 이 점도 대기업에게 야속한 점이다.

또 다른 문제는 양극경제 속에서 기업들이 이상 행동을 보이기 시작한 점이다. 중소기업들은 창업 당시의 기업가정신을 잊지 못하고 계속 중소기업에 머무르려 하고 있다. 대기업들 역시 새로운 먹거리를 찾아가는 위험추구 행동을 줄이고 있다. 둘 다 기업가정신이 쇠퇴하고 있다. 중소기업이 성장을 멈추려고 하는 이유는 중견기업이 중소기업들의 롤모델이 되지 못하고 있어서다. 각종 법에서 중소기업이 중견기업으로 성장할 때 다양한 페널티를 주고 있음이 원인이다. 중소기업일 경우 받을 수 있는 여러 혜택이 중견기업이 되는 순간 사라지는데 누가 중견기업으로 성장하려고 하겠는가? 대기업은 자신들을 향한 정부와 국민들의 비난이 야속하다. 새로운 성장을 하려고 해도 문어발식 확장을 한다는 비난만 받는다. 계속 욕을 먹을 바에는 차라리 현 상태를 유지하는 것이 좋다고 생각한다.

종합해보자. 한국의 주력 대기업들은 1970~1980년대 중화학 산업 육성정책으로 탄생했다. 시간이 지나면서 중화학 산업의 상당 제품과 서비스들이 수명주기상 포화기나 쇠퇴기로 진입했다. 이들을 대체할 부가가치가 높은 새로운 기업들이 등장하여야 함에도 그 속도가 너무 느리다. 한국은 중소기업과 대기업이 분리된 양극경제 함정에 빠져 있기 때문이다. 양극경제는 경영 환경의 변화로 중소기업과 대기업이 협력 시너지를 잃고 분리되면서 나타난 현상이다. 한국축구가 발전하기 위해서는 유소년선수→청년선수→대표선수로의 성장이 원활하게 이루어져야 한다. 불행히도 한국에서는 유소년선수들(중소기업)이 청년선수들(중견기업)로 제대로 성장하지 못하고 있다. 이로 인해 노쇠한 선수들(대기업)이 계속해서 대표선수로 뛰고 있다. 이런 축구팀이 월드컵과 같은 국제경기에서 좋은 성적을 낼 리 만무하다. 그러면서 한국은 쇠퇴하는 국가반열에 들어서고 있다. 이 책은 이런 문제를 중견기업을 통해 어떻게 해결할 수 있는지를 살피기 위해 마련되었다.

2장

새로운 경제주체로서의 중견기업

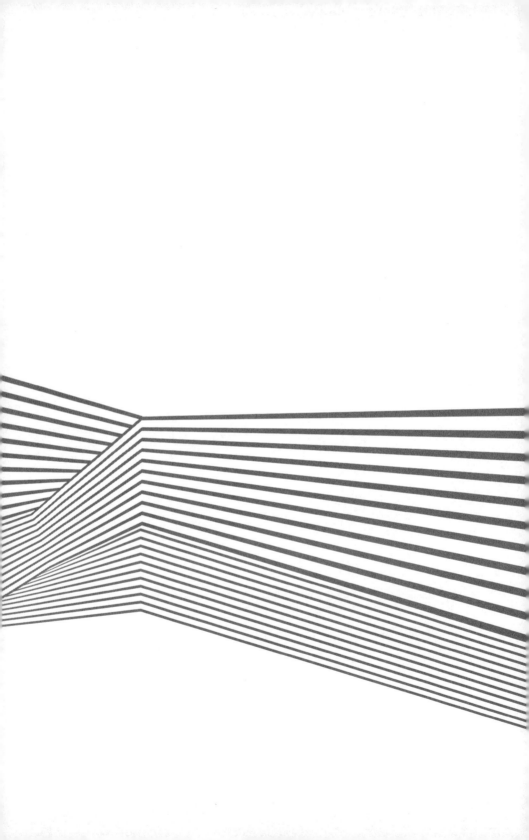

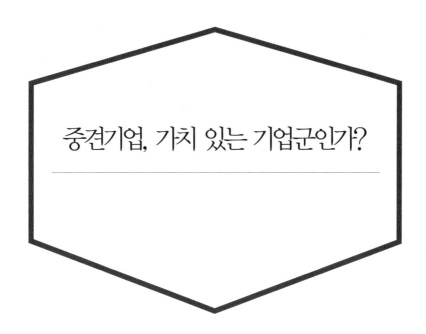

중견기업, 가치 있는 기업군인가?

중견기업은 정말 가치 있는 기업군인가? 이에 대해 설명하기 전 기업의 의미에 대해 잠깐 생각해보자. 기업은 여러 가지 의미가 있다. 첫째, 기업은 가게와 더불어 경제의 핵심 주체다. 전통적으로 경제는 가게와 기업의 두 축에 의해 움직이는 것으로 이해되고 있다. 가게는 생산요소시장에 노동을 판매하고 기업은 여기서 노동을 구매하게 된다. 가게와 기업은 재화시장에 의해서도 연결되어 있다. 기업은 재화시장에 제품과 서비스를 공급하고 가게는 이것들을 구매한다. 여기에 정부와 금융기관 그리고 해외 부문이 참여하여 경제는 순환하게 된다.

둘째, 국가는 기업을 통해 활력을 얻는다. 만일 한 국가 내 경쟁력 있는 기업들이 없다면 국가는 존립하기 어렵다. 두 가지 이유에서다. 먼저 자신들이 사용할 제품이나 서비스를 공급받을 수 없다. 국민들이 일상적으로 사용하는 물품과 서비스는 물론이고 국방에 필요한 무기들도 공급받을 수 없다. 이렇게 되면 필요한 것들을 다른 나라에 의존해야 한다. 경제예속이 일어나고 국가의 자주권도 사라진다. 심한 경우에는 경제수탈을 경험할 수도 있다. 멀리 갈 것도 없이 조선이 예다. 조선은 구한말 여러 나라로부터 경제침략을 당했다. 조선의 경제 기반이 허약했기 때문이다. 조선은 기본적으로 농경국가였다. 상업은 상놈들이 하는 일로 생각했다. 자연스럽게 조선에서 기업 탄생은 쉽지 않았다. 일제치하를 경험하면서 대한제국의 국민들은 국가가 가난한 이유를 제대로 된 기업이 없어서임을 알았다. 일제의 경제수탈을 경험하면서다. 이를 막기 위해 1920년 조만식 등 일단의 지도자들이 민족기업을 육성하기 위한 논의를 했다. 이를 시발로 물산장려운동이 시작되었다.[11] 이때 사용된 구호가 박스 안의 내용이다. 가게가 조선 기업을 도와 조선의 자주독립을 앞당기자는 내용이다. 비록 의도된 대로 시행되지는 못했지만 국가에 기업이 얼마나 중요한가를 인식하는 계기가 되었다.

- 衣服은 爲先 男子는 周衣 女子는 裳을 陰曆 癸亥 正月 一日로부터 朝鮮人 産品 又난 加工品을 染色하야 着用할 일 (의복은 우선 남자는

두루마기, 여자는 치마를 음력 계해년(1924) 1월 1일부터 조선인 생산품 또는 가공품을 염색하여 착용할 것)

- 飮資物에 對하야는 食鹽, 砂糖, 果物 淸凉飮料 等을 除한 外는 全혀 朝鮮人 産物을 使用할 일 (음식물에 대해서는 소금, 설탕, 과일, 청량음료 등을 제외하고는 모두 조선인 생산물을 사용할 것)

- 日用品은 朝鮮人 製品으로 代用키 可能한 것은 此를 使用할 일 (일용품은 조선인 제품으로 대용할 수 있는 것은 이를 사용할 것)

산업계, 1923년 11월 [12]

기업이 국가 활력에 중요한 두 번째 이유는 이들이 국부의 원천이기 때문이다. 이제 기업은 단순히 국민들에게 필요한 제품이나 서비스를 제공하는 수동적 역할에서 벗어났다. 기업이 국가 부를 축적하는 근원이 되고 있다. 기업이 부실해지면 국가가 얼마나 비참해지는지를 한국은 1997년 IMF 사태를 통해 경험했다. 이런 상황에 빠진 근본 이유는 한국을 대표하는 기업들의 글로벌 경쟁력이 하락해서다. 이들이 해외에서 돈을 버는 능력이 떨어지면서 빚으로 연명하기시작했다. 경제가 나빠지자 국가도 외환보유 부족에 직면했다. 해외채권국들이 한국에 빌려준 돈을 회수하기 시작했지만 이를 갚을 달러가 없었다. 부실화가 가장 깊었던 대우그룹이 먼저 도산하고 뒤따라 국가도 도산했다.

그렇다면 기업들이 무조건 많이 있으면 되는가? 그렇지 않다. 무조건 많은 것이 중요한 것이 아니라 국가경제를 튼튼하게 뒷받침할 기업들이 많아야 한다. 중견기업은 이런 기업에 해당하는가? 이를 검증하려면 긴 논의가 필요하다. 적어도 〈그림 2-2〉의 세 가지 측면에서의 논의와 검증이 필요하다.

〈그림 2-2〉 중견기업의 가치를 검증하기 위한 분석 틀

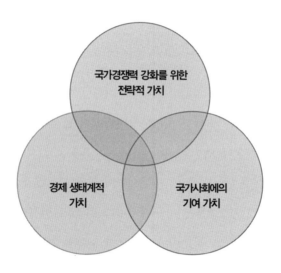

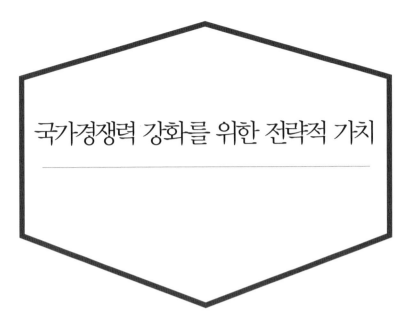

국가경쟁력 강화를 위한 전략적 가치

국가경쟁력 강화를 위한 전략적 가치란 특정 기업군 예로 중견기업이 국가의 목표달성에 적절한 수단이 되는가를 따져 보는 것이다. 1장에서 살펴본 것처럼 한국은 경제활력을 빠르게 잃어가고 있다. 따라서 이를 회복하는 것이 최대 당면과제다. 이 목표달성에 중견기업이 중요한 역할을 할 수 있다면 중견기업은 국가경쟁력 강화를 위한 전략적 가치가 있다고 판단할 수 있다. 다음 네 가지 면에서 살펴볼 수 있다.

- 중견기업과 글로벌 경쟁력: 중견기업이 글로벌 경쟁에서 살아남기 위한 조건에 부합하는지의 여부

- 중견기업의 산업 전략적 가치: 국가 산업 전략 수립 시 중견기업이 갖는 포트폴리오상의 위치와 가치
- 중견기업과 양극경제 해소: 중소기업과 대기업으로 양분된 양극경제를 해소하기 위한 수단으로서의 중견기업의 가치
- 중견기업의 경제전쟁에서의 전략적 위치: 중견기업이 글로벌 경제전쟁에서 갖는 전략적 위치와 가치

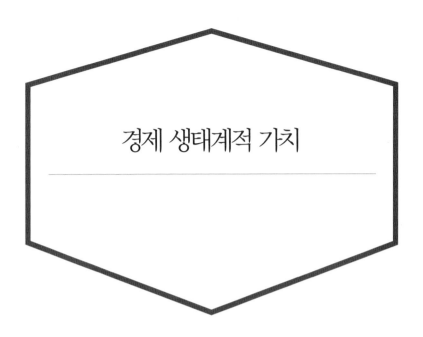

경제 생태계적 가치

국가경제는 일종의 생태계다. 여러 주체가 서로 연결되어 상호의존성을 갖는 것을 생태계라고 한다. 이 생태계를 건강하게 유지하기 위해서는 그럴 역량을 가진 기업들이 생태계에 많아야 한다. 그렇다면 중견기업은 경제 생태계를 건강하게 하는 데 어떤 기여를 하는 것일까? 이를 설명하기 위해서는 다음의 네 가지 요건에 대한 검토가 필요하다.

- 강건성robustness: 생태계가 외부의 충격을 견디어내는 정도
- 생산성productivity: 생태계 유지에 필요한 자원을 생태계 주체들이 효율적으로 생산하는 정도

- 안정성stability: 생태계 주체들이 자기위험(스스로 만든 위험)에 노출되는 정도
- 혁신성innovation: 생태계가 지속적으로 새로운 틈새를 만들기 위해 새로운 제품과 서비스를 창출하는 정도 [13]

국가사회에의 기여 가치

경제 생태계 건강성 유지에 대한 기여와 더불어 '국가사회에 대한 기여'도 따져보아야 한다. 기업은 기업이 속한 경제 생태계와 별도로 국가사회에도 기여해야 한다. 국가사회 기여는 다양하게 볼 수 있지만 다음의 네 가지 요소가 한국에서는 특히 중요하다.

- 투자기여도: 기업주체들의 투자 정도를 말한다. 기업이 투자를 멈추면 국가경제 역시 멈추기 때문에 중요하다. 또한 한 기업의 투자는 자신의 성장뿐만 아니라 타 기업의 성장에 도움을 준다. 이를 통해 국가와 사회 역시 성장한다.
- 수출기여도: 개방경제를 추구하는 국가일수록 중요하다. 국가 경

제는 내수시장을 통한 경제만을 의미하지 않는다. 해외시장을 통한 경제도 매우 중요하다. 특히 대외 개방성이 높은 한국에서는 기업의 수출기여도가 얼마인지를 살펴보는 것이 중요하다. 수출이 중요한 이유는 또 있다. 경제에서의 게임방식은 크게 제로섬 게임zero-sum game과 포지티브섬 게임positive-sum game으로 나누어볼 수 있다. 제로섬 게임은 어느 일방이 수입을 가져가면 다른 일방의 수입이 줄어드는 게임을 말한다. 국내시장은 대체로 제로섬 게임이 작동한다. 국내시장에서는 항상 공정분배라는 긴장감이 도는 이유다. 이와 달리 포지티브섬 게임은 해외에서 동일한 제품으로 동일한 국가에서 경쟁하지 않는 한 국내기업 간 서로 뺏고 뺏기는 관계가 성립되지 않는다. 해외에서 유입된 수입은 국내 경제 규모를 키우는 데에 매우 중요하다.

- 고용기여도: 국가경제에 있어서 기업의 반대편에 있는 축이 가계다. 가계는 고용을 통한 소득창출이 없으면 유지되기 어렵다. 기업이 고용에 기여하는 것이 중요한 이유다.

- 타인자본소비도: 국가는 희소자원을 무한정 풍부하게 가질 수 없다. 경제에서의 대표적인 희소자원은 자본이다. 이중 사회가 기업에 빌려주는 자본을 타인자본이라고 한다. 기업의 입장에서는 부채라고 한다. 타인자본은 사회가 기업에게 베푸는 강력한 지원이다. 이 희소자원을 소수의 기업이 독점하면 다른 기업들은 이

를 활용할 수 없다. 한 기업의 타인자본소비도가 높을수록 다른 기업은 불리해진다. 타인자본의 소비가 낮은 상태에서도 높은 성과를 올리는 기업이 있다면 이 역시 국가사회에 기여하는 것이라고 할 수 있다.

중견기업은 한국의 경제활력을 재건함에 어떤 전략적 가치를 가지고 있을까? 중견기업은 경제 생태계 건강성 유지에 어떤 기여를 하는 것일까? 중견기업은 국가사회에 어떤 기여를 하고 있을까? 앞으로 다룰 주요한 내용이다. 이들을 본격적으로 다루기 전 중견기업이 어떤 성격을 갖는 기업군인지를 살펴보기로 하자.

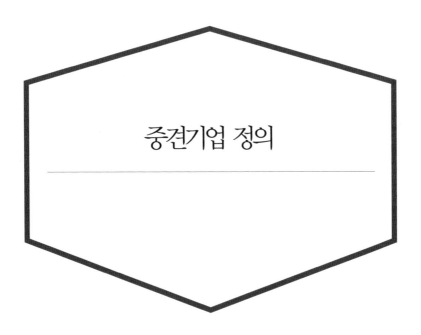

중견기업 정의

중견기업은 규모에서 대기업보다는 작고 중소기업보다는 큰 기업을 말한다. 한국에서 법적으로 중견기업이라는 단어가 사용된 곳은 「산업발전법」(2011년 3월)에서다. 하지만 산업발전법에서는 선언적 의미로서만 정의되었고 실질적으로 중견기업 개념이 정립되고 국가관리 대상이 된 것은 2014년 7월 「중견기업 성장촉진 및 경쟁력 강화에 관한 특별법」이 발효되면서다. 이 법 제2조에서 다음처럼 중견기업을 정의하고 있다.

- 「중소기업기본법」 제2조에 따른 중소기업이 아닐 것.
- 「공공기관의 운영에 관한 법률」 제4조에 따른 공공기관이 아

닐 것.

- 그밖에 지분 소유나 출자관계 등이 대통령으로 정하는 기준에 적합한 기업.

이 정의만으로 중견기업을 구분하기는 쉽지 않다. 중견기업 특별법 시행령 제2조는 중견기업의 요건을 더 상세히 하고 있다.

- 소유와 경영의 실질적인 독립성이 다음의 어느 하나에 해당하지 아니하는 기업일 것 ① 「독점규제 및 공정거래에 관한 법률」 제14조 제1항에 따른 상호출자제한 기업집단 또는 채무보증제한 기업집단에 속하는 기업. ② 독점규제 및 공정거래에 관한 법률 시행령 제17조 제1항에 따른 상호출자제한 기업집단 지정기준인 자산총액 이상인 기업 또는 법인(외국법인을 포함)이 해당 기업의 주식 또는 출자지분의 100분의 30 이상을 직접적 또는 간접적으로 소유하면서 최다 출자자인 기업.
- 「통계법」 제22조에 따라 통계청장이 고시하는 한국표준산업분류상의 금융업, 보험업, 금융 및 보험 관련 서비스업에 해당하는 업종을 영위하는 기업이 아닐 것.
- 「민법」 제32조에 따라 설립된 비영리법인이 아닐 것.

법조문을 읽다 보면 중견기업에 대한 정의가 미궁으로 들어간다. '중소기업-중견기업-대기업'의 체계 속에서 중간 위치를 표현하기가 쉽지 않아서다. 복잡한 정의를 그림으로 표현하면 조금 쉽다(〈그림 2-1〉 참조).

〈그림 2-1〉 중견기업의 범위

중소기업	중견기업	대기업
중소기업기본법상 중소기업	중견기업특별법상 중소기업	공정거래법상 상호출자제한기업집단
제외: 공공기관, 지방공기업, 금융보험 및 연금법, 금융 및 보험 관련 서비스업, 비영리 법인, 외국법인		

실제로 기업 한 개 한 개를 판단할 때는 더 복잡하다. 규모 기준, 상한 기준 및 독립성 기준을 모두 만족해야 한다. 이들에 대해서는 부록에서 설명하기로 한다.

각국의 중견기업 정의

다른 나라의 중견기업에 대한 정의도 알아볼 필요가 있다. 중견기업과 관련하여 한국과 다른 나라의 상황을 비교할 필요가 있기 때문이다. 결론적으로 말하면 각국마다 정의가 다양하고 명칭도 다르다. 이들을 구분하는 기준도 동일하지 않다. 중소기업과 대기업 사이의 중간에 있는 기업이라는 점만 공통적이다. 각국이 사용하는 중견기업 또는 이와 유사한 정의들을 〈표 2-1〉에서 볼 수 있다.

<표 2-1> 각국의 중견기업에 대한 정의[14]

국가	공식적인 구분 유무	분류(혹은 구분 가능) 기준
미국	무	• 종사자 수 500~999명인 기업을 중견기업으로 정의 가능
독일	유사 구분 존재	• 종사자 수 500명, 매출액 5,000만 유로 이하의 기업에서 소기업(종사자 수 10명 미만, 매출액 100만 유로)을 제외한 중소형기업(이와는 다른 정의도 있다. 이에 대하여는 본문 참조)
중국	유사 구분 존재	• 고용인원 500~1,000명, 연간 매출액 2,000만~4억 위안 사이의 기업의 중형중소기업(제조업 기준)
일본	유	• 자본금 5,000만~10억 엔(총무성), 자본금 1억~10억 엔(일본 은행), 자본금 3억 엔 이하와 종사자 300명 이하(일본 중소기업청) 등 기관에 따라 분류 기준이 상이
프랑스	유	• 고용인원 250~4,999명 사이 기업 중 매출이 15억 유로 미만 대차대조가 20억 유로를 넘지 않는 기업
이탈리아	무	• 고용인원 250명을 기준으로 중소 및 대기업만 구분 • 고용인원 50~250명, 연 매출 5,000만 유로 미만을 중기업으로 분류 가능
영국	무	• 고용인원 249명을 기준으로 중소 및 대기업만 구분 • 고용인원 50~249명, 연 매출 5,000만 유로 미만을 중기업으로 분류 가능
네덜란드	무	• 고용인원 250명을 기준으로 중소 및 대기업만 구분 • 고용인원 50~250명, 연 매출 5,000만 유로 미만을 중기업으로 분류 가능
스위스 스웨덴	무	• 고용인원 250명을 기준으로 중소 및 대기업만 구분 • 고용인원 50~250명, 연 매출 5,000만 유로 미만을 중기업으로 분류 가능
대만	유	• 연매출액 200억 대만달러(약 6.8억 달러) 이하 혹은 고용인원 2,000명 이하

나라마다 중견기업 또는 이와 유사한 기업을 정의하는 방식이 매우 다르다. 한국은 매출액 기준으로 중견기업을 정의하고 있음에 비

하여 다른 나라는 종사자 수가 기준이 되는 경우가 많다. 여기에 매출액 기준을 추가하기도 한다. 대체로 250인 이상을 중견기업 규모로 보고 있지만 500명 이상을 기준으로 하는 경우(미국, 독일)도 있다. 종사자의 상한선도 다르다. 중국은 1,000명을 상한으로 하고 있고 대만은 2,000명을 상한으로 잡고 있다. 프랑스는 5,000명 미만을 상한으로 잡고 있다.

한국의 중견기업 정의와 유사성이 가장 높은 나라는 미텔슈탄트(중간기업)라는 개념을 쓰는 독일이다. 미텔슈탄트는 사실 법에서 정의되는 용어는 아니다. 1957년 미텔슈탄트연구소IfM, Institut for Mittel-stands가 이 용어를 처음 사용했다. 미텔슈탄트연구소는 미텔슈탄트를 매출액 5,000만 유로 미만, 500인 미만의 중소기업으로 한정지으며 의결권의 최소 50%를 가족 중 한 명 또는 두 명이 가지고 있는 가족기업으로 정의했다.[15] 하지만 미텔슈탄트에 대한 개념은 이후 확장되었다. 대략 3개 유형으로 구분되고 있다.[16]

- 중소형 미텔슈탄트: 매출 5,000만 유로 이하
- 상위형 미텔슈탄트: 매출 5,000만~10억 유로
- 대형 미텔슈탄트: 매출 10억 유로 이상

이상의 미텔슈탄트 정의 중 한국의 중견기업에 해당하는 것은 상위형 미텔슈탄트다. 매출액 규모가 5,000만 유로(한화 650억 원) 이상에서 10억 유로(한화 약 1조 3,000억 원)의 기업이다. 한국의 중견기업역시 매출 400억 원~1,500억 원 이상을 기준(업종에 따라 다름)으로정의된다. 상한선은 상호출자제한기업집단(대기업) 등에 속하지 않은자산총액 10조 원 이하의 기업이다. 이들의 매출액은 1조 원을 넘을수 있다. 『히든 챔피언』의 저자인 헤르만 지몬Hermann Simon[17]도 대체로 상위형 미텔슈탄트를 히든 챔피언의 중심기업으로 정의했다. 그는히든 챔피언을 대중에게는 알려져 있지 않지만 세계시장 점유율 3위이내 또는 해당 대륙에서 1위, 그리고 매출액이 40억 달러 이하인 기업으로 정의했다. 매출액 기준으로 하면 한화 기준 4조 원이 넘는다(히든 챔피언에 대하여는 뒤에서 자세히 설명함). 중견기업 또는 유사기업을정의하는 국가별 방식을 하나의 틀로 묶어 설명할 수는 없다. 하지만각국이 중견기업 또는 유사기업에 관심을 두고 있음은 알 수 있다.

한국의 중견기업

중견기업을 정의하는 것이 다소 복잡하긴 하지만 이로 인해 중견기업이 한국경제에서 차지하는 위치를 알 수 있게 되었다. 〈표 2-2〉에 의하면 2014~1016년 3개년의 중소기업-중견기업-대기업 평균 비중은 99.05%-0.63%-0.32%다. 중소기업이 전체 기업 수의 99% 이상을 차지하고 있고 중견기업이 0.63% 정도의 비중을 보이고 있다.

구분		2014년	2015년	2016년	평균비중
기업 수	대기업	1,456 (0.27%)	2,089 (0.35%)	2,114 (0.34%)	0.32%
	중견기업	2,979 (0.55%)	4,181 (0.71%)	4,010 (0.64%)	0.63%
	중소기업	536,073 (99.42%)	578,857 (98.94%)	621,332 (99.02%)	99.05%
	합계	540,508 (100%)	585,127 (100%)	627,456 (100%)	100%

주) 통계청은 2015년부터 중견기업에 대한 통계자료를 작성함. 2014년의 자료는 통계청의 자료와 중견기업연합회의 자료를 사용하여 추정함.

한국의 중견기업들은 다양한 산업에서 활동 중이다. 〈표 2-3〉을 보면 한국의 중견기업은 제조업이 차지하는 비중이 가장 크다. 2016년 기준으로 제조업이 38.7%를 차지하고 있다. 다음은 도·소매업 (13.6%)이며 다른 업종은 대체로 8% 이하의 비중을 보이고 있다.

〈표 2-3〉 중견기업의 산업별 분포[19]

중견기업		전체	제조업	건설업	도·소매업	운수업	숙박·음식업	출판영상통신업	부동산·임대업	전문과학기술업
기업수	2015년	4,181	1,627	299	592	218	84	365	271	251
	2016년	4,010	1,552	251	545	215	83	354	300	255
	구성비[1]	100.0	38.7	6.3	13.6	5.4	2.1	8.8	7.5	6.4

주) 1: 2016년 기준(단위: 개, 10억 원, %, 전년 대비)

한편, 한국의 중견기업의 업력은 다양하다. 〈표 2-4〉에 의하면 업력 10~30년 미만의 기업들이 주축을 이루고 있다. 2016년 기준 전체의 44.6%를 차지하고 있다. 다음으로는 10년 미만의 기업 비중이 높다. 32.4%에 이른다. 30년 이상의 기업은 전체의 23%에 이른다.

〈표 2-4〉 중견기업 업력별 현황[20]

중견기업		전체	1~3년 미만	3~6년 미만	6~10년 미만	10~20년 미만	20~30년 미만	30~40년 미만	40~50년 미만	50년 이상
기업수	2015년	4,181	405	454	596	1,143	689	412	295	187
	2016년	4,010	344	401	553	1,104	684	423	305	196
	구성비[1]	100.0	8.6	10.0	13.8	27.5	17.1	10.5	7.6	4.9

주) 1: 2016년 기준(단위: 개, 10억 원, %, 전년 대비)

2부

중견기업과
국가경쟁력의 관계

3장

중견기업과 국가경쟁력 강화를 위한
전략적 가치

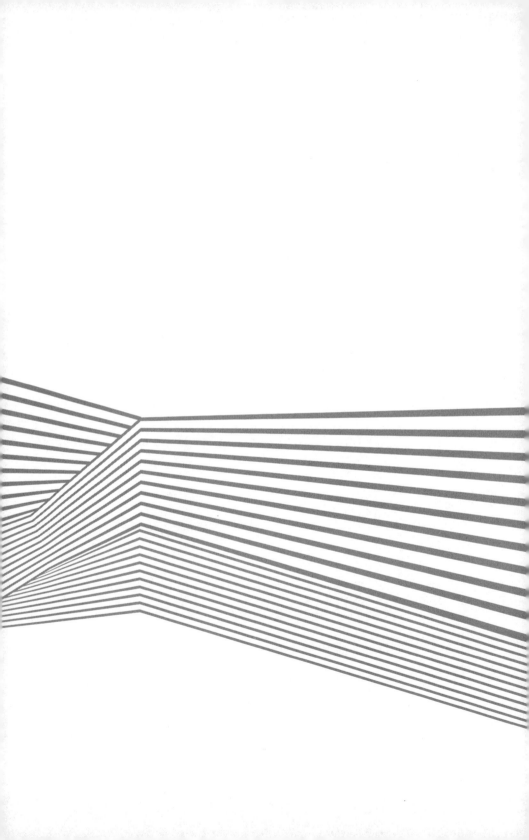

중견기업과 글로벌 경쟁력

한국은 대외의존도가 매우 높은 나라다. 필연적으로 기업들의 글로벌 경쟁력이 높을수록 국가경제는 튼튼해진다. 글로벌 경쟁에서 기업 규모는 어떤 의미가 있을까? 글로벌 경쟁력을 위해 반드시 기업 규모가 커야 하는 것은 아니다. 중소기업으로도 가능하다. 하지만 이 방식은 한계가 있다. 글로벌 경쟁에서 주도권을 잡기 위해서는 혁신성 이외에도 원가경쟁력이나 유통력과 같은 다른 역량을 동시에 가져야 한다. 아무리 혁신적 제품이나 서비스를 내놓아도 시장이 받아들일 수 있는 가격과 유통채널이 미흡하면 시장은 이들 제품이나 서비스를 외면한다. 가격을 낮추는 방법은 여러 가지가 있지만 가장 중요한 것이 규모의 경제다. 일정한 규모에 도달해야 시장에서의 거래

지위가 높아지면서 원재료 구매비 및 관리비 등이 줄어든다. 유통채널을 다수 확보하기 위해서도 일정 규모가 필요하다.

그렇다고 무조건 규모가 큰 것이 유리한 것은 아니다. 기업 크기만 커지면 규모의 비경제가 나타날 가능성이 있다. 그래서 규모의 경제와 비경제 사이의 기업 규모를 가진 곳이 생산성이 높게 된다. 이를 총생산, 평균생산비용, 그리고 한계생산비용 곡선이 설명한다. 우선 〈그림 3-1〉의 총생산곡선을 보자. 설명의 간편성을 위해 생산요소는 노동 하나라고 가정한다. 〈그림 3-1〉을 보면 투입되는 노동이 증가할수록 생산량이 늘어나는 구간을 규모의 경제구간이라고 한다. 하지만 일정 수준, 예로 〈그림 3-1〉의 A를 넘어서면 생산량이 오히려 줄어든다. A 이전까지는 규모의 경제가 작용하고 그 이후에는 비경제가 발생해서다. 규모의 비경제가 일어나는 이유는 불필요한 부

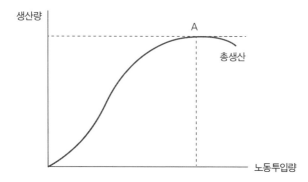

〈그림 3-1〉 총생산곡선[21]

대비용이 늘어나서다. 전쟁 상황과 비슷하다. 너무 많은 병력이 동시에 투입되면 병력 간의 조정이 안 되어 오히려 아군이 아군을 살상하거나 명령 하달이 안 돼 군대가 우왕좌왕할 수 있다. 병력이 지나치게 비대해짐에 따른 불필요 비용이다. 생산에서도 비슷한 일이 벌어지는 것을 설명한 것이 규모의 비경제다. 이것을 다른 시각에서 바라본 것이 〈그림 3-2〉의 비용곡선이다. 〈그림 3-2〉에서 평균생산비용이란 생산에 들어간 총비용을 총생산량으로 나눈 것이다. 이 곡선을 보면 일정한 수준(A)에 이를 때까지는 평균비용이 줄어들다 이 수준을 넘어서면 비용이 오히려 증가한다. 앞에서 말한 규모의 비경제에 따른 비용이다. 이런 현상은 한계비용 시각에서도 설명할 수 있다. 한계비용이란 한 단위 또는 1개를 생산할 때 들어가는 비용이다. 〈그림 3-2〉를 보면 일정 수준(A)까지는 한계비용이 줄어들지만 이

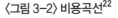

〈그림 3-2〉 비용곡선[22]

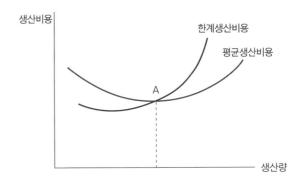

점을 지나면 한 단위를 생산할 때 오히려 비용이 증가한다. 어느 점까지 생산해야 하는가? 말할 것도 없이 A점까지다. 그래야 규모의 경제를 최대한 누릴 수 있다. 〈그림 3-1〉과 〈그림 3-2〉는 명시적으로 어떤 규모의 기업이 생산성이 높은가를 말해주고 있지는 않다. 하지만 분명한 한 가지 사실은 규모가 어느 정도는 있어야 생산성에서 유리함을 말해주고 있다.

규모의 경제는 산업유형에 따라 차이가 있다. 예로 자동차 산업에서 규모의 경제는 기업당 최소효율규모라고 알려진 200만 대 그리고 공통 섀시 등과 관련한 플랫폼 단위당 30만 대로 알려져 있다. 하지만 국가 간 경쟁의 심화와 인수합병 등의 영향으로 기업당 400~500만 대 그리고 플랫폼 당으로는 100만 대 정도가 규모의 경제를 이루는 수준이라는 주장도 있다.[23] 이 정도는 대기업이 아니면 달성하기 어려운 규모다. 또한 최근에는 정보기술을 활용하여 규모의 비경제를 관리하는 방법들이 등장하고 있어 과거보다 기업이 커져도 규모의 비경제를 극복하는 힘이 강해지고 있다. 어떤 경우라도 한 가지 분명한 것은 일정한 규모 없이 기업이 생산성을 높이기 쉽지 않다는 점이다.

규모가 필요한 이유가 또 있다. 기업의 크기가 일정 수준이 돼야 글로벌 가치사슬 속에 들어갈 수 있기 때문이다. 글로벌 시장 역시 국내 시장과 마찬가지로 협력적 네트워크로 이루어져 있다. 이것을 글로벌 가치사슬이라고 한다. 가치사슬의 상층부에는 글로벌 대기업들이 있다. 글로벌 가치사슬에서의 거래단위는 국내시장에서의 거래단위와 차이가 있다. 훨씬 크다. 이것을 만족시키려면 일정한 규모가 있어야 한다.[24] 규모는 독자적인 글로벌 시장 개척을 쉽게 한다는 점에서도 필요하다.[25] 규모가 일정 수준이 돼야 글로벌 파트너에 대한 직접 접촉과 수출이 가능하다. 중소기업은 이것이 쉽지 않다. 적어도 중견기업 규모 이상의 기업이 필요한 이유다.

중견기업의 산업 전략적 가치

중견기업이 중요한 이유는 산업 전략 측면에서도 설명할 수 있다. 산업 전략은 어떤 유형의 기업으로 산업 포트폴리오를 짤 것인가와 관련 있다. 경영학에서는 기업 전략을 논의할 때 포트폴리오라는 용어를 사용한다. 포트폴리오 분석 시에는 크게 네 종류의 사업을 가정한다. 시장에서의 성장성은 낮지만 시장점유율은 높은 사업(수익창출사업, 캐시 카우), 성장성도 낮으면서 시장점유율도 낮은 사업(사양사업, 개), 성장성은 높지만 아직 경쟁력을 확보할 정도의 시장점유율에 이르지 못한 사업(성장잠재사업, 물음표) 그리고 성장성도 좋고 시장점유율도 높은 사업(성장사업, 스타)이다(〈그림 3-3〉 참조). 기업의 경우 수익 창출이 활발한 사업을 기반(수익창출사업)으로 새로운 사업(성장 잠재사업)을 발굴하여 성장사업으로 선순환시키는 능력이 있어야 지속 가능 성장을 이룰 수 있다. 기업이 쇠퇴하는 이유는 이 순환고리가 깨져서다. 현재의 수익창출사업에 취하여 새로운 사업에 대한 투자가 이루어지지 않아 차세대 성장사업을 놓치면 기업은 지속성장 가능성 이 줄어둔다.

〈그림 3-3〉 사업 포트폴리오(BCG 매트릭스)

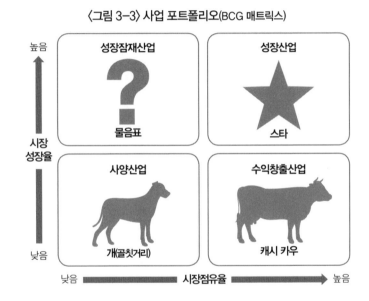

국가경제도 다를 바 없다. 한 국가가 가지고 있는 포트폴리오가 취약하면 국가의 경쟁력이 약화된다. 이를 피하기 위해서는 기존의 수익창출력이 높은 기업들을 투자 재원으로 삼아 미래에 유망한 기업들(성장 잠재기업)을 발굴 투자하고 이들이 새로운 경쟁력을 갖는 기업

(성장 기업)으로 성장하도록 유도해야 한다. 이것을 설명하는 것이 〈그림 3-4〉다.

불행히도 한국은 아직 1970년대의 중화학공업 기조에서 크게 벗어나지 못하고 있다. 여기에 한국을 떠받치고 있는 대표기업(수익창출기업)들은 빠른 속도로 사양화하고 있다(〈그림 3-4〉의 경로 1). 대표적인 것이 조선업이다. 이러한 상황임에도 미래를 위해 어떤 기업들을 키워야 하는지에 대한 방향이 정확히 잡히지 않고 이들 기업의 성장을 방해하는 규제를 너무 많이 깔아 놓고 있다(〈그림 3-4〉의 경로 2). 그러면서 새로운 성장기업은 더디게 나타나고 있다(〈그림 3-4〉의 경로 3).

〈그림 3-4〉 한국경제의 문제

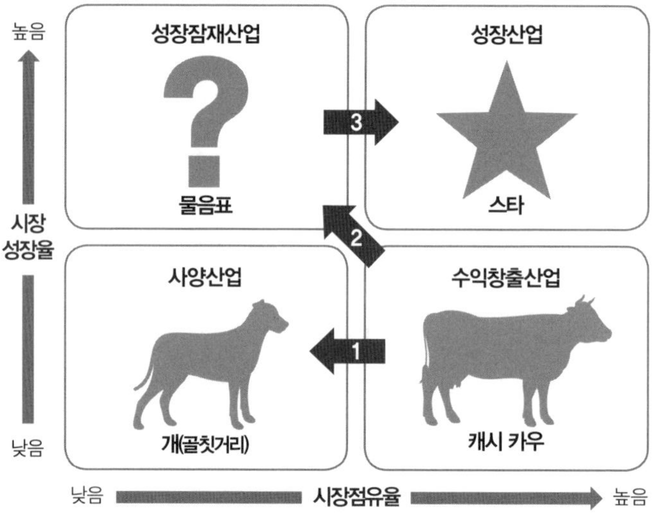

〈그림 3-4〉가 말하는 바는 간단하다. 한국경제가 활력을 되찾기 위해서는 차세대 성장잠재기업들을 가능한 많이 키우고 이들 기업을 빠른 속도로 성장기업으로 진입시켜야 한다는 것이다. 성장잠재기업이란 유망한 중소벤처기업들을 말한다. 한국은 다른 나라와 마찬가지로 중소벤처기업들을 육성하기 위한 정책을 쓰고 있다. 이들을 가젤기업화하기 위한 노력도 하고 있다. 매출액과 고용에서 3년 평균 20% 이상 성장하는 기업을 의미한다. 아프리카에서 번식하고 있는 점프력 좋은 가젤이라는 동물을 연상시키는 기업이다. 당연히 이들 기업들이 많아질수록 국가 경쟁력도 좋아진다. 하지만 한국정부의 노력은 여기까지다. 이들이 더욱 성장하여 성장기업, 즉 스타기업을 만드는 데는 관심이 없다. 마치 초등학교와 중고등학교(중소기업 육성)까지는 부모가 온 힘을 다해 아이들에 관심을 두다가 대학교(중견기업이 되면)에 들어가면 관심을 꺼버리고 졸업하여 사회에 나가 건강한 성인(대기업으로 성장하는 것)이 되는 과정은 방치 수준으로 내버려두는 것과 동일하다.

　유망한 중소벤처기업이나 가젤기업들은 성장성은 높지만 글로벌 수준에서의 시장점유율이 낮다는 것이 문제다. 예를 들어 매출 1,000억 원 수준의 가젤기업들을 슈퍼 가젤이라고 부른다. 하지만 매출 1,000억 원은 글로벌 수준에서는 매우 작은 기업이다. 이들이 스타기업인 성장기업이 되기 위해서는 글로벌 수준 정도로 시장점유율이 높아져야 한다. 시장점유율을 높이기 위해서는 매출규모를 늘려야 하는데 그러려면 규모가 필요하다. 가젤형 벤처기업이 글로벌 수준의 히든 챔피언 정도는 되어야 한다는 말이다. 독일에서 시작된 히든 챔피언이라는 단어는 대체로 중규모 이상의 글로벌 경쟁력을 가진 숨어 있는 스타기업을 말한다. 이런 스타기업들이 만들어지기 위해서는 가젤형 벤처기업들이 규모를 키우며 글로벌 경쟁력을 가질 수 있도록 해주어야 한다. 히든 챔피언 이외에도 스타기업을 표현하는 단어가 있다. 유니콘 기업이다. 우리가 잘 알고 있는 미국의 우버나 에어비앤비 등이 여기에 해당한다. 이렇게 되려면 최소한 중견기업 이상의 규모가 필수적이다. 불행히도 한국에서는 유망한 중소벤처기업들이 이런 기업들로 성장하는 속도가 느리다. 때로는 스스로 그렇게 되기를 거부하기도 한다.

기존 대표기업들은 서서히 사양화되고 있고 유망한 벤처기업들은 잠재성만 가질 뿐 더 뻗어 나가지 못해 의문(?) 상태로만 남아 있다면 한국의 미래는 없다. 이를 벗어나기 위해서는 성장잠재기업(중소벤처기업)들이 성장기업(중견기업)으로 클 길을 열어주고 이들이 새로운 수익창출기업(대기업)이 될 수 있도록 해주어야 한다. 이것이 한국경제가 활력을 되찾는 길이다.

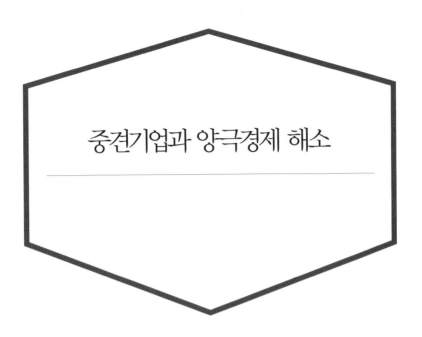

중견기업과 양극경제 해소

중견기업은 양극경제를 순환경제로 전환하는 데에 필수적이다. 순환경제의 핵심은 기업 세대교체를 강력하게 복원하는 것이다. 중견기업이 열쇠를 쥐고 있다. 중견기업이 활성화되면 두 가지 효과가 나타난다.

- 거대 수직계열화 문제 해결
- 중소기업과 대기업의 기업가정신 자극

양극경제는 대기업을 최상위 기업으로 하는 거대 수직계열화의 소산이다. 중견기업 활성화는 이런 양극경제를 질적으로 바꿀 수 있는 엔진이 될 수 있다. 거대 수직계열화란 최상위에 대기업이 있고 중견기업과 중소기업이 여기에 편입된 방식을 말한다. 이런 생태계는 최상위 기업에 문제가 생기면 전체 거대 생태계가 흔들리는 문제가 일어난다. 그렇게 되면 국가도 흔들린다. 조선업이 이것을 여실히 증명했다. 한국의 거대 조선 기업들에게 문제가 생기자 조선업 전체가 흔들렸다. 말단에 존재하는 중소기업의 피해는 더 말할 필요도 없다. 지역경제가 무너지고 국가도 흔들렸다. 중견기업이 활성화되면 이 문제를 해결할 수 있다. 독자적인 사업영역을 갖는 중견기업이 많아지면 이들을 정점으로 하는 중소형 수직계열들이 다수 등장하게 된다. 이런 생태계에서는 최상위 중견기업이 어려워져도 그 효과는 해당 생태계에만 미치게 된다. 다른 중견기업이 축이 되는 생태계는 영향을 받지 않음으로 거대 생태계의 부작용인 상위기업에서 하위기업으로의 도미노 붕괴현상을 최소화할 수 있다.

또 다른 이점은 중소기업 및 대기업의 기업가정신을 자극하는 효과다. 중견기업이 활력을 가지면 그 효과는 중소기업에서 바로 나타난다. 이들에게 중견기업은 새로운 비전이 되면서 기업가정신을 강화하기 때문이다. 대기업들에도 큰 자극이 된다. 밑에서 치고 올라오는 중견기업들에 대항하기 위해 새로운 도전을 시작하기 때문이다. 이것을 설명하는 이론이 공진화co-evolution다. 코스타리카 초원에는 치타와 영양이 동시에 살고 있다. 그런데 이곳의 영양은 다른 곳의 양 종자에 비해 유독 뛰는 속도가 빠르다. 속도로 무장한 치타를 천적으로 가진 영양이 살아남기 위해 잘 뛰는 방향으로 진화하였기 때문이다. 그러자 치타에게 문제가 생겼다. 잘 뛰는 영양이 나타나다 보니 굶어죽게 생겼다. 그러자 치타도 더 빨리 뛰기 시작했다. 이런 관계가 공진화다.[26]

공진화는 생물에게서만 나타나는 현상이 아니다. 기업에서도 나타난다. 한국의 거대 기업인 삼성그룹과 현대그룹의 성장 역사를 보면 누가 한국경제의 일등이냐를 놓고 자존심 싸움을 하던 시기를 발견할 수 있다. 두 그룹 초기에는 업종이 서로 달랐다. 삼성그룹은 전자업계에서 두각을 나타냈다. 현대그룹은 건설, 조선, 자동차 등 중후장대 산업에서 두각을 보였다. 그런데 이 둘이 경제 일등을 놓고 한판 벌였다. 재미있는 일이 일어났다. 두 그룹은 서로 다른 업종임에도 자신들의 업종에 엄청난 투자를 감행했다. 국제적 시황이 좋아서가 아니다. 경제계에서 일등이 되려는 자존심이 이런 행동을 만들어냈다. 이상하게 두 그룹의 이런 노력이 이들이 글로벌 경쟁력을 갖는 결정적 계기가 됐다. 이 역시 공진화 현상이다. 중견기업은 중소기업과 대기업의 기업가정신을 불어넣는 자극제가 될 수 있다. 공진화적 자극 방식이다.

대기업을 적으로 인식하는 국민들의 시각도 중견기업이 해결할 수 있다. 중견기업들이 질 높은 고용을 책임질 수 있어서다. 한국의 중견기업 중에는 대기업 수준의 임금을 주는 곳이 많다. 중소기업과 대기업의 임금격차에 비해 중견기업과 대기업의 임금격차는 훨씬 적다. 평균적으로 중소기업은 대기업의 70% 수준의 임금을 준다. 이에 비해 중견기업은 평균 90% 수준에 이르고 있고 동등 수준으로 급여를 지급하는 곳도 많다. 따라서 중견기업이 늘어나면 임금으로 말미암은 상대적 불만이 해소될 수 있다. 한국에서 중견기업은 전체 기업 수의 약 0.63%에 해당한다. 채 1%가 안 된다. 이런 기업들이 전체 고용의 5.5%를 차지하고 있다.[27] 이들 기업 수를 두 배만 늘려도 질 좋은 고용이 10%를 넘어간다. 중소기업과 대기업으로 말미암은 고질적인 임금문제를 중견기업이 해결할 수 있음을 의미한다. 이에 대해서는 뒤에서 자세히 설명하고자 한다.

결론을 지으면 양극경제의 문제, 중소기업이나 대기업의 기업가정신을 복원하는 문제, 국민들의 대기업에 대한 반감, 그리고 임금격차 문제 등을 치유하는 방법으로 중견기업이 제격이다. 이렇게 되려면 현재의 양극경제는 중소기업→중견기업→대기업으로 이어지는 순환경제로 전환되어야 한다. 이것을 중견기업만 키우자는 주장으로 오해하면 곤란하다. 건강한 중견기업이 많아지려면 당연히 수많은 우량 중소기업이 있어야 한다. 중소기업 육성이 중견기업 육성의 전제라는 말이다. 또 건강하고 두터운 중견기업이 있어야 경쟁력 높은 새로운 대기업들이 만들어질 수 있다. 그래야 한국은 부가가치와 성장성 높은 기업들로 항상 차 있을 수 있다. 이것이 순환경제다. 〈그림 3-5〉처럼 경제가 움직이는 것을 말한다. 이런 과정에서 국민들은 질 좋은 고용혜택을 볼 수 있다. 불행히도 한국은 중소기업→중견기업으로의 성장 과정이 순탄치 못하다. 그러다 보니 중소기업 수는 늘어나지만 경쟁력 있는 중견기업으로 성장하지 못하고 있다. 우량한 중견기업이 많지 않다 보니 중견기업→대기업으로의 성장 경로도 약해지고 있다. 이것을 개선해야 한국경제가 활력을 되찾을 수 있다.

〈그림 3-5〉 중소, 중견, 대기업 순환성장 구조

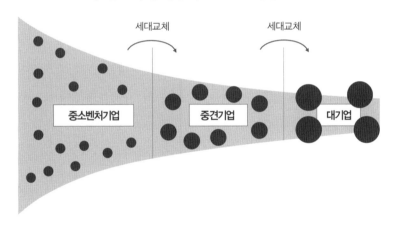

중견기업의 경제전쟁에서의 전략적 위치

중견기업은 대기업보다는 작고 중소기업보다는 크다. 이런 중간 규모의 기업이 왜 필요한가? 이를 해상전투에 비유해 설명해보자. 바다에서 전투가 벌어지면 어떤 유형의 전함보유 국가가 유리할까? 해상전투에 사용되는 배들은 여러 종류가 있다. 가장 큰 것이 항공모함이다. 다양한 전투무기를 탑재한 그 자체로 군사기지가 되는 배다. 다음으로는 전투함급이 있다. 일반적으로 1만 톤급 이상의 전투함을 순양함이라고 하고 4,000~1만 톤급 정도를 구축함이라고 한다. 1,500~4,000톤급을 호위함(프리깃함) 그리고 1,000톤 내외의 전투함을 초계함이라고 한다. 순양함과 구축함은 중형급 전투함에 속하고 호위함과 초계함은 소형급 전투함에 속한다. 기업으로 비교하면 항공모함이 대기업에 속하고 순양함과 구축함이 중견기업에 속한다. 이지스함은 첨단 구축함으로 기업으로 치면 글로벌 경쟁력을 갖춘 중견기업이다. 중소벤처기업이 호위함과 초계함이라고 볼 수 있다. 이들이 유기적으로 연결되어 작전이 수행되어야 해상전투에서 승리할 수 있다.

한국은 글로벌 경제전쟁에서 일단 삼성그룹이나 현대그룹과 같은 항공모함급 전함을 보유하고 있다. 문제는 순양함이나 구축함과 같은 중견기업들이 매우 부족하다는 점이다. 구축함급에 해당하면서 전투력이 뛰어난 중견기업을 부르는 말이 있다. 유니콘 기업이다. 기업가치가 10억 달러(약 1조 원)에 이르는 비상장 기업을 말한다. 전투함으로 치면 이지스함급이다. 한국에는 2018년 기준 유니콘 기업이 쿠팡(온라인쇼핑몰), 옐로모바일(콘텐츠 광고 등), L&P코스메틱(화장품), 블루홀(게임), 우아한형제들(배달), 비바리퍼블리카(핀테크) 6개 정도인 것으로 파악되고 있다.[28] '2018 상반기 후룬 중화권 유니콘 지수'에 따르면 중국 내 유니콘 기업은 162곳에 이른다. 2018년도 상반기에만 52개가 만들어졌다. 3일에 한 개씩 유니콘 기업이 만들어지고 있다.[29] 전투선단으로 비유하자면 한국은 항공모함(대기업) 몇 척과 호위함이나 초계함 같은 다수의 소형 전투선(중소기업)이 중심이 되어 글로벌 경제전투에 나서고 있다고 할 수 있다. 순양함이나 구축함(중견기업)과 같은 역할을 해줄 기업들이 너무 부족하다. 이렇게 되면 대형전함과 소형전함이 유기적으로 연결될 수 없다. 또한 항공모함 없이도 독자전투가 가능한 중형 전함급 전력이 부족해 다채로운 전술을 펴기 어렵다. 한마디로 해상전투에서 유리한 전력구조를 가지지 못하고 있다. 중견기업의 보충이 필요한 이유다.

4장

중견기업과 강건성:
이탈리아, 핀란드, 독일의 시사점

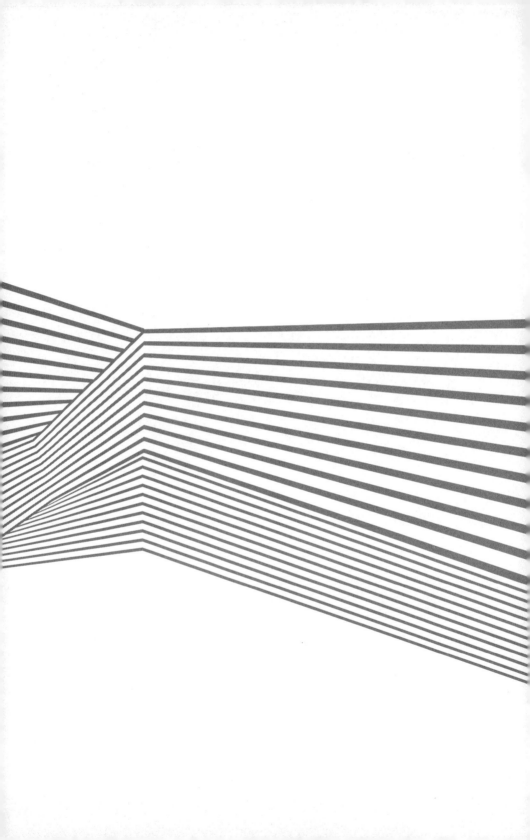

경제 생태계의 건강성은 강건성, 생산성, 안정성, 그리고 혁신성에 의해 결정된다고 했다. 이 장에서는 이중 강건성에 대해 설명하고자 한다. 강건성은 경제 생태계가 외부 충격에 견디는 정도를 말한다. 경제 생태계에 어떤 규모의 기업들이 많을 때 강건성에 유리할까? 이를 알기 위해서는 경제 생태계의 강건성을 정의하고 기업 규모와의 인과관계를 살피는 연구가 필요하다. 하지만 다른 방법도 있다. 국가별로 채택하고 있는 경제성장 방식의 차이와 국가별 성과를 통해서다. 세계 각국은 기업 규모와 관련하여 다양한 정책을 사용하고 있다. 어떤 나라들은 중소기업에 의존해 국가경제의 틀을 짜고 있다. 어떤 나라는 중규모 기업에 의존한다. 또 어떤 국가들은 대기업에 의존한다. 글로벌 경제위기가 나타난 시기에 이들 나라에서 어떤 일이 일어났는지를 비교해보면 기업 규모가 국가경제 생태계 강건성에 어떤 영향을 미치는지를 알 수 있다.

이탈리아:

글로벌 금융위기의 희생양이 되다

이탈리아는 전적으로 중소기업에 의존하는 경제구조다. 〈표 4-1〉을 보면 이탈리아는 핀란드와 더불어 중소기업 비중이 매우 높은 나라다. 1~9인의 영세 또는 소규모 기업 비중이 특히 높다. 이탈리아 전체 기업 수의 약 95%가 이들 기업이다. 중소기업 비중이 매우 높은 것으로 알려진 대만보다도 높다. 대만은 이들 비중이 91% 수준으로 이탈리아보다 약 4% 낮다. 유럽권의 독일에 비하면 그 차이는 더 두드러진다. 독일은 1~9인 기업의 비중이 80% 수준에 불과하다. 이탈리아보다 15% 정도가 낮다. 일본과 미국은 이들 기업의 비중이 가장 낮은 국가다.

<표 4-1> 각국의 규모별 기업 비중(%)[30]

구분	1~9인	10~99인	100~299인	300~999인	1,000인 이상
독일	80.13	17.82	1.40	0.57	0.08
일본	75.40	22.12	1.73	0.55	0.20
미국	76.52	21.44	1.26	0.57	0.21
핀란드	94.33	5.19	0.28	0.16	0.04
대만	90.88	8.55	0.40	0.12	0.05
이탈리아	94.99	4.75	0.17	0.07	0.01

　불행히도 전 세계는 2008년 미국발 금융위기라는 초유의 사태에 직면했다. 이 시기 이탈리아에서 어떤 일이 벌어졌는지를 살펴보면 이 국가의 경제 생태계 강건성을 유추할 수 있다. 이탈리아의 사정을 살펴보기 전 유럽 국가들의 모습을 먼저 살펴보기로 한다. 〈표 4-2〉는 2008년 글로벌 금융위기 전후 유럽 국가들의 250인 이하 중소기업 현황을 보여준다. 전체 기업 수 중 250인 이하 중소기업의 비중, 이들 기업에 근무하는 총 종사자 비중 그리고 이들의 총 부가가치 비중이 나타나 있다.

　〈표 4-2〉를 보면 250인 이하 기업 비중은 유럽 전 국가에서 모두 99%를 넘고 있다. 하지만 고용비중과 부가가치 비중에서는 큰 차이가 있다. 이탈리아에서는 이들 중소기업의 고용 비중이 80% 수준이다. 핀란드도 이탈리아와 유사하게 250인 이하 비중이 절대적이다. 하지만 핀란드에서 250인 이하의 중소기업 종사자 비중은 2005년

56%, 20011년에는 62%로 이탈리아보다 훨씬 낮다. 부가가치 비중에서도 유사하다. 이탈리아와 유사한 나라는 포르투갈뿐이다. 다른 나라들은 이탈리아보다 250인 이하 중소기업의 고용 비중과 부가가치 비중이 낮다. 이탈리아 경제가 중소기업에 의존하는 경제구조임을 말한다.

〈표 4-2〉 각국 중소기업의 국가경제 기여도(%)[31]

국가	기업 수		고용 비중		부가가치 비중	
	2005	2011	2005	2011	2005	2011
덴마크	99.7	99.6	66	66	67	64
핀란드	99.7	99.7	56	62	52	57
프랑스	99.8	99.8	61	64	54	59
독일	99.5	99.5	60	63	53	54
이탈리아	99.9	99.9	81	80	71	68
포르투갈	99.9	99.9	82	78	70	68
네덜란드	99.8	99.7	67	65	61	63
스페인	99.9	99.9	79	76	69	66
스웨덴	99.8	99.8	63	64	56	58
영국	99.6	99.6	54	55	52	50

주) 유럽의 중소기업에 대한 정의: 250인 미만 기업

중소기업 의존도가 유독 높은 이탈리아는 2008년 글로벌 금융위기 시 국가가 흔들리는 큰 타격을 입었다. 〈표 4-3〉이 이를 보여준다. 2009년의 국내총생산 성장률이 전년 대비 마이너스 5.5%로 추락했

다. 2010년 성장률이 일시적으로 회복했지만 글로벌 금융위기의 여파는 계속됐다. 이것만이 아니다. 산업생산 역시 폭발적으로 감소했다(2009년 기준 전년 대비 -18.8%). 실업률은 7.8%로 치솟았다. 경상수지는 300억 유로 적자가 발생했다. 이런 추세는 이후로도 이어졌다.

〈표 4-3〉이탈리아의 경제 상황[32]

구분	2009	2010	2011					2012	
	연간	연간	연간	1/4	2/4	3/4	4/4	1/4	2/4
GDP 성장률[1]	-5.5	1.8	0.4	0.1	0.3	-0.2	-0.7	-0.8	-0.7
산업생산[1]	-18.8	6.8	0.1	-0.1	0.8	-1.2	-2.8	-2.3	-1.7
소매판매[1]	-1.3	0.4	-1.8	-0.3	-0.2	-0.6	-2.6	1.5	-1.0
경상수지[2]	-301.7	-546.8	-515.1	-229.5	-129.8	-95.5	-60.2	-130.7	-14.2
상품수지[2]	-66.4	-316.9	-243.3	-90.2	-68.9	-60.6	-23.6	1.2	20.5
실업률[1]	7.8	8.4	8.4	8.0	8.1	8.6	9.2	10.0	10.7
소비자 물가[1]	0.8	1.6	2.9	2.3	2.9	2.7	3.7	3.6	3.6

주) 1: 전년 동기 대비 %
　　2: 억 유로

물론 글로벌 금융위기로 이탈리아만 충격받은 것은 아니다. 다른 나라도 충격을 받았다. 문제는 이탈리아가 받은 충격이 다른 나라의 충격보다 훨씬 컸다는 점이다. 〈그림 4-1〉은 2007년을 기준으로 할 때 글로벌 금융위기 이후 유럽 각국의 국내총생산 성장률을 보여준다. 이것을 보면 이탈리아의 성장률은 유럽의 주요 국가뿐만 아니라 유럽 평균에 비해서도 훨씬 낮은 수준이다. 유럽의 다른 나라들에 비해 글로벌 금융위기 다음 해인 2009년의 국내총생산 성장률 하락이 가장 컸다. 2010년 이후에도 금융위기에서 탈출하는 속도가 가장 느렸다.

〈그림 4-1〉 글로벌 금융위기 이후 유럽 주요국의 GDP 성장률(2007년=100)[33]

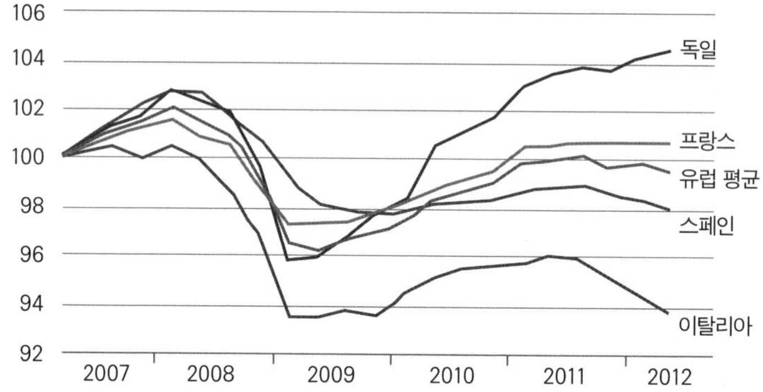

물론 이것을 이탈리아의 중소기업 의존 경제만으로 설명할 수는 없다. 이탈리아의 정치적 문제도 심각했다. 이로 인해 글로벌 금융위기와 같은 외부적 충격에 적절하게 대응할 수 없었다.[34] 하지만 국가가 중소기업에 의존하는 경제구조를 가질수록 외부적 충격 대응에 취약할 것이라는 증거는 많다. 〈표 4-4〉를 통해 이를 추론해볼 수 있

다. 〈표 4-4〉는 2008년 글로벌 금융위기 이후 덴마크 기업들이 받은 충격을 보여준다. 수요 감소, 재무적 어려움, 그리고 공급의 어려움 등에서 기업 규모가 작을수록 부정적 영향을 더 크게 받았다. 〈표 4-5〉는 글로벌 금융위기에서 기업들이 어떤 재무적 어려움을 겪게 되었는지에 대한 내용이다. 〈표 4-5〉에서도 유사한 추론을 할 수 있다. 예로 기업 규모가 작을수록 기업 신용상의 문제, 신규 프로젝트를 위한 자금조달 문제, 그리고 이자비용의 증가라는 어려움에 직면했다.

〈표 4-4〉 글로벌 금융위기로 기업 규모별 어려움(%)(덴마크 사례)[35]

구분	20-29	30-39	40-49	50-99	100이상	합계
수요 감소	30.3	32.2	35.2	27.2	27.3	29.0
재무적 어려움	16.0	14.7	11.2	11.2	7.7	11.3
고객과의 어려움	11.1	12.4	10.4	11.4	10.0	10.9
공급상의 어려움	4.9	6.2	5.6	3.0	3.5	4.1
영향받은 기업 수	244	177	125	463	480	1489

주) 조사대상 1,962개 기업

<표 4-5> 글로벌 금융위기 시 경험한 기업 규모별 재무적 애로사항[36]

기업 수(%)	20-29	30-39	40-49	50-99	100+	합계
신용상의 문제	43.0	33.3	41.7	36.4	33.9	37.0
신규 프로젝트 금융조달 애로	62.8	73.3	58.3	58.5	41.1	56.4
이자비용 증가	36.0	31.7	27.8	30.5	25.0	30.0
영향받은 기업 수	86	60	36	118	124	424

중소기업이 갖는 취약성에도 이탈리아 정부는 의도치 않게 영세 중소기업을 양산하는 정책으로 기름을 부었다. 이탈리아에서는 모든 기업의 노조설립이 의무다. 단, 15인 미만 기업은 해당하지 않는다.[37] 그러자 15인 미만의 기업들이 폭발적으로 늘었다. 주로 제조업보다는 15인 미만의 인원으로도 기업 운영이 가능한 서비스 산업에서 영세기업이 크게 늘어났다. 〈표 4-6〉의 좌측을 보면 이탈리아의 경우 제조업 비중은 점차 줄어들고 있다. 2000년 22.9%에서 2011년에는 19.1%로 줄었다. 독일은 25% 수준을 유지하고 있다. 이에 비해 부동산은 그 비중이 점차 늘어났다. 도소매·음식숙박의 경우 시간이 지나면서 줄어들긴 했지만 독일과 비교할 때 상대적으로 그 비중이 매우 높다. 이런 영세기업들로 가득 찬 이탈리아가 2008년의 글로벌 금융위기를 넘기가 쉽지 않았다.

〈표 4-6〉 이탈리아와 독일의 산업구조[38]

이탈리아의 산업 구조[1]

구분	2000	2005	2011
농림수산업	1.0	1.0	0.7
건설업	5.3	4.0	4.6
제조업	25.5	25.3	26.0
도소매·음식 숙박	15.8	16.4	15.9
정보통신	4.3	3.9	4.0
금융보험	5.1	4.7	4.5
부동산	10.7	11.5	11.5
과학기술 전문 서비스	10.8	10.9	10.7
국방 행정 보건	17.2	17.7	17.8
예술 레저	4.3	4.5	4.4
합계	100.0	100.0	100.0

독일의 산업 구조[1]

구분	2000	2005	2011
농림수산업	2.8	2.4	1.9
건설업	5.1	6.1	5.8
제조업	22.9	20.5	19.1
도소매·음식숙박	22.1	21.2	20.6
정보통신	4.5	4.7	4.4
금융보험	4.8	5.0	5.3
부동산	10.5	12.2	13.6
과학기술 전문 서비스	8.8	8.5	8.6
국방 행정 보건	15.3	16.2	17.2
예술 레저	3.3	3.1	3.6
합계	100.0	100.0	100.0

주) 1: 명목 GDP 기준

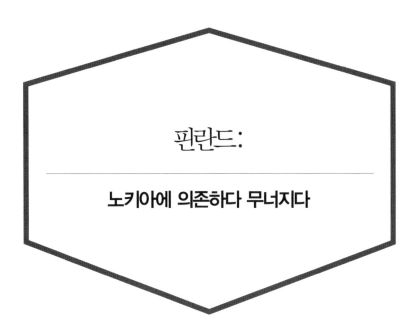

핀란드 :

노키아에 의존하다 무너지다

경제 생태계를 전적으로 대기업에 의존하였던 국가 예를 살펴보자. 핀란드가 대표적인 나라다. 〈표 4-7〉은 앞의 〈표 4-1〉의 내용 중 핀란드와 이탈리아를 비교하기 위해 마련되었다. 앞에서 설명된 대로 이탈리아는 전형적으로 중소기업에 의존하는 나라다. 이에 비해 핀란드는 대기업에 의존한 나라였다. 1~9인의 소형기업 비중은 이탈리아와 거의 유사한 94%대지만 그 이상의 규모 비중은 핀란드가 이탈리아보다 높다. 이런 차이는 100인 이상이 넘어가면 확연히 나타난다.

〈표 4-8〉은 250인 이하 중소기업이 국가경제에 기여한 정도를 살펴본 것이다. 핀란드 역시 250인 이하의 중소기업 비중에서 이탈리아와 큰 차이가 없다. 하지만 핀란드는 이들 기업이 고용에서 차지하

는 비중은 이탈리아보다 훨씬 낮다. 이탈리아가 80%대를 유지하고 있음에 비해 핀란드는 50% 후반에서 60% 초반을 유지하고 있다. 250인 이하 기업의 부가가치 비중에서도 이탈리아가 70%대를 보이는 것과 달리 핀란드는 50% 초에서 후반 정도다. 종합하면 핀란드는 이탈리아보다 영세기업의 수가 적으며 상대적으로 250인 이상 기업에 의해 국가경제가 움직이고 있음을 말해준다.

〈표 4-7〉 핀란드와 이탈리아의 규모별 기업 비중(%)[39]

구분	1~9인	10~99인	100~299인	300~999인	1,000인 이상
핀란드	94.33	5.19	0.28	0.16	0.04
이탈리아	94.99	4.75	0.17	0.07	0.01

〈표 4-8〉 핀란드와 이탈리아 중소기업의 국가경제 기여도(%)[40]

국가	기업 수		고용비중		부가가치 비중	
	2005	2011	2005	2011	2005	2011
핀란드	99.7	99.7	56	62	52	57
이탈리아	99.9	99.9	81	80	71	68

주) 유럽의 중소기업에 대한 정의: 250인 미만 기업

　　그렇다고 핀란드를 단순히 이탈리아보다 상대적으로 규모가 큰 기업들로 경제가 짜인 나라로 보면 안 된다. 특정 대기업, 즉 노키아가 국가경제의 중심에 있던 나라였다. 1998년 노키아는 미국 모토로라를 제치고 세계 1위의 휴대전화 제조업체로 등극했다. 이후 노키아의

핀란드 국내총생산 기여율은 3~4% 수준에 이르렀고 수출기여도는 20% 이상이었다(1999~2007년 기간). 2007년의 수출기여도는 23%였다. 〈그림 4-2〉가 이를 보여준다. 〈그림 4-3〉는 노키아의 핀란드 국세에서 차지하는 비중을 보여준다. 노키아가 가장 잘 나가던 2003년에는 20%를 넘어섰으며 2007년에도 15%선을 넘었다.

노키아는 2007년 애플의 아이폰 등장으로 기업경영에 문제가 생겼다. 2008년부터 급격한 몰락의 길로 접어들면서 2013년 마이크로소프트에 회사가 팔리는 비운을 맞았다. 노키아는 물론이고 핀란드 경제는 큰 충격에 쌓였다. 노키아가 고용하던 종사자들의 상당수가 실직했다. 2008년 기준 노키아는 전체 제조업 고용의 5.5%를 차지하고 있었다.[41] 여기에 노키아와 직간접적으로 거래하던 기업들이 무너지면서 노키아는 최악의 실업 사태를 맞이했다.[42]

〈그림 4-2〉 노키아의 핀란드 경제 기여도[43]

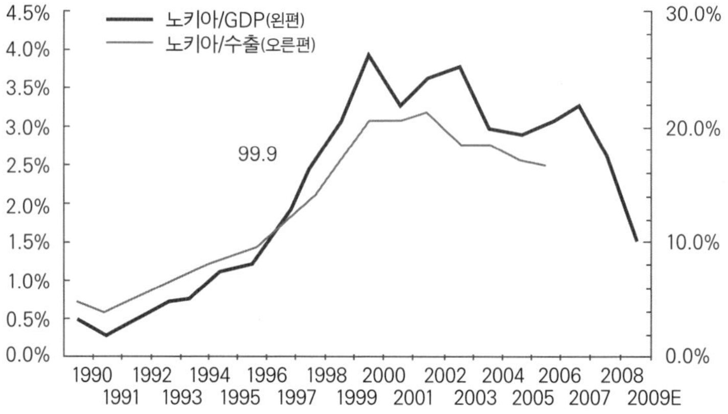

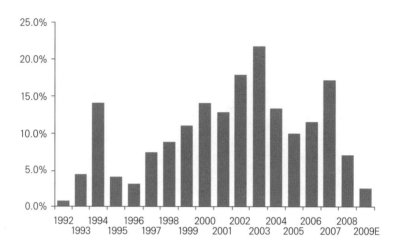

〈그림 4-3〉 노키아의 국가 세금 기여도[44]

이 시기는 공교롭게도 2008년의 글로벌 금융위기와 겹쳤다. 이로 인해 핀란드 경제는 걷잡을 수 없이 무너졌다. 〈그림 4-4〉는 핀란드의 연도별 실질 국내총생산 성장률을 보여주고 있다. 이에 따르면 핀란드는 2009년 마이너스 8.3%의 역성장을 했다. 노키아가 소생 불가능 상태에 빠진 2012년 이후에도 마이너스 성장을 했다. 〈그림 4-5〉는 핀란드가 다른 나라에 비해 얼마나 경제침체기를 겪었는지를 보여준다. 각국의 2007년의 국내총생산를 100으로 할 때 핀란드의 경제 성적을 볼 수 있다. 2008년 이후 핀란드는 2007년의 95% 수준의 경제성장에 머물러 있다. 다른 나라들은 모두 2007년 수준을 넘어섰다.

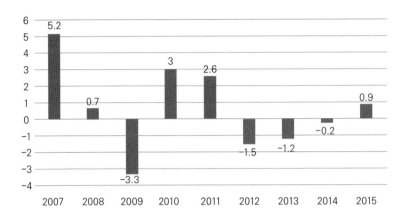

〈그림 4-4〉 핀란드 연도별 실질 GDP 성장률 추이[45]

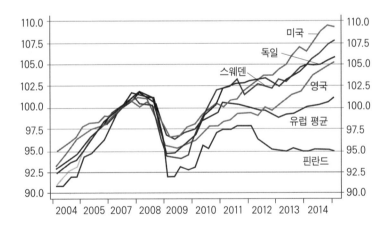

〈그림 4-5〉 핀란드 경제의 추락(2007 각국 GDP=100)[46]

대기업은 중소기업보다 외부충격에 강하다. 그렇다고 국가가 전적으로 대기업에 의존하는 것은 위험하다. 대기업이 감당할 수 없는 외부 충격이 올 때 해당 대기업은 물론이고 국가경제 전체가 몰락하기 때문이다. 이것을 '대마불사TBTF, Too big to fail' 신드롬이라고 한다.[47] 대기업들은 쉽게 무너지지 않지만 한 번 무너지면 국가의 뿌리가 흔들리는 현상을 말한다. 이 현상은 미국에서도 관찰되었다. 2008년 미국은 불량 부동산 채권으로 글로벌 금융위기의 진원지가 되었다. 리먼 브라더스나 AIG 같은 거대 금융기업이 붕괴했다. 여기에 2009년 GM이 파산신청을 했다. GM은 정부지원으로 회생하게 되지만 미국경제는 휘청거렸다. 한국에서도 유사한 예는 얼마든지 많다. 2008년 IMF 때 대우그룹이 붕괴하였고 거대 금융기관들이 몰락했다. 2015년에는 조선경기의 하강으로 한국의 초대형 조선기업들이 타격을 받았다. 이런 충격은 단순히 해당 기업만의 문제가 아니다. 이들 기업들과 협력하는 기업들은 물론이고 해당 지역의 경제가 문제가 된다. 이것이 커지면 국가경제 자체가 흔들린다. 이런 현상이 대마불사 신드롬이다. 거대기업이 죽기 쉽지는 않지만 죽게 되면 그 여파는 누구도 예측할 수 없다.

대기업이 외부적 충격으로 무너질 때 국가에 미치는 파괴력이 더 커진다. 대기업들이 갖는 다른 기업들과의 연관성 때문이다.[48] 이 연관성은 단순한 거래적 연관성만을 의미하지 않는다. 기업의 규모가 거대해질수록 금융기관, 정부조직, 다른 대기업, 중견기업, 중소기업 그리고 국민들과 거미줄 같은 연결구조를 가지게 된다. 이런 연결 때문에 대기업 붕괴가 위험한 것이다. 핀란드가 바로 이런 현상을 경험했다.

독일:

글로벌 금융위기에서 유럽의 최강자가 되다

2008년의 글로벌 금융위기를 극복하면서 오히려 최강 국가로 변모한 나라가 있다. 바로 독일이다. 여기에는 여러 가지 이유가 있지만 독일이 갖는 특이한 경제구조가 중요한 원인이다. 독일은 한국으로 치면 중견기업이 잘 발달한 나라다. 이를 표현하는 단어가 미텔슈탄트 중에서도 상위 미텔슈탄트다. 한국의 중견기업과 거의 유사한 기업 규모를 가지고 있다. 독일이 어떤 기업 규모에 의존하고 있는지는 〈표 4-9〉에서 살필 수 있다. 〈표 4-9〉는 〈표 4-1〉에서 독일, 핀란드, 그리고 이탈리아의 자료만을 추출한 것이다. 〈표 4-9〉를 보면 독일은 이탈리아나 핀란드와는 다른 유형의 모습을 보여준다. 종사자 1,000명 이상의 기업비중도 높지만 특히 종사자 300~999인의 기업비중

구분	1~9인	10~99인	100~299인	300~999인	1,000인 이상
독일	80.13	17.82	1.40	0.57	0.08
핀란드	94.33	5.19	0.28	0.16	0.04
이탈리아	94.99	4.75	0.17	0.07	0.01

〈표 4-10〉독일, 핀란드, 이탈리아 중소기업의 국가경제 기여도(%)[50]

국가	기업 수		고용비중		부가가치 비중	
	2005	2011	2005	2011	2005	2011
독일	99.5	99.5	60	63	53	54
핀란드	99.7	99.7	56	62	52	57
이탈리아	99.9	99.9	81	80	71	68

주) 유럽의 중소기업에 대한 정의: 250인 미만 기업

이 높다. 대체로 상위 미텔슈탄트가 밀집한 곳이다. 독일은 핀란드와
비교하여 이 규모에 해당하는 기업비중이 3.6배에 달한다. 중간이 그
만큼 두텁다는 말이다.

이렇게 보면 〈표 4-10〉의 해석도 달라져야 한다. 〈표 4-10〉은 250인
이하의 중소기업 경제 기여도(2005~2011년)를 비교할 때 독일과 핀란
드가 유사한 것처럼 보인다. 〈표 4-10〉에 의하면 고용비중을 기준으로

할 때 독일과 핀란드 모두 약 60%대의 고용을 250인 미만의 기업이 했다. 이 수치를 100%에서 빼주면 250인 이상의 고용비중을 알 수 있다. 이것을 기준으로 보면 약 40%대의 고용비중을 이들 250인 이상 기업이 기여하였다. 이를 〈표 4-9〉와 연계하면 독일의 경우 300~999인 기업이 가장 많은 기여를 한 것으로 추론할 수 있다. 핀란드의 경우 이 구간에 해당하는 기업의 고용 기여도가 상대적으로 낮다고 보아야 한다. 300~999인 구간의 기업 비중이 독일의 28%(0.16/0.57) 수준에 불과하기 때문이다. 이에 비해 〈그림 4-2〉와 〈그림 4-3〉에서 보았듯이 핀란드는 노키아 한 기업에 크게 의존한 국가다. 따라서 〈표 4-10〉에서 추론 가능한 250인 이상 기업에서의 고용 역시 노키아가 상당 부분 차지하였을 것임을 짐작할 수 있다. 〈표 4-10〉의 부가가치 기여도에 대해서도 유사한 해석이 가능하다.

독일의 상위 미텔슈탄트의 중요성을 잘 알려준 연구가 헤르만 지몬(2012)의 히든 챔피언 연구다.[51] 〈표 4-11〉이 히든 챔피언의 평균적인 모습을 보여준다. 종사자 규모는 평균적으로 2,000인 선이며 매출 평균은 4억 달러 수준이다. 주로 제조업 중심(산업재)적 모습을 지니고 있고 전체 매출 중 수출이 60%를 넘고 있다. 히든 챔피언 기업들은 한국의 중견기업의 범위와 크게 다르지 않다.

<표 4-11> 독일 히든 챔피언의 특징[52]

매출액		직원 수		제품 종류		성과 특성	
규모(U.S. $)	비율(%)	단위(명)	비율(%)	종류	비율(%)	성과	비율(%)
평균	4.34억$	평균	2,037명	산업재	69.1	수출 비율	61.5
7,000만 이하	24.8	200인 이하	21.6%	소비재	20.1	자기자본 비율	41.9
7,000만~ 2억	27.4	200~1,000인	32.0%	서비스	10.8	세전투자 수익율	13.6
2~7억	29.9	1,000 ~3,000인	25.6%				
7억 이상	17.9	3,000인 이상	20.8%				

상대적으로 미텔슈탄트가 잘 발달한 독일은 글로벌 금융위기에서 어떤 모습을 보였을까? 〈그림 4-6〉이 2007~2018년까지의 취업인구당 국내총생산의 흐름을 보여준다. 취업인구당 국내총생산은 실제 취업에 참여하는 인구를 기준으로 할 경우의 1인당 국내총생산이다. 이것을 기준으로 할 때 독일은 2018년 기준 전 세계에서 가장 빨리 경제회복을 한 나라다. 이의 배경에 독일의 강력한 상위 미텔슈탄트 기업, 즉 중견기업이 있었다.

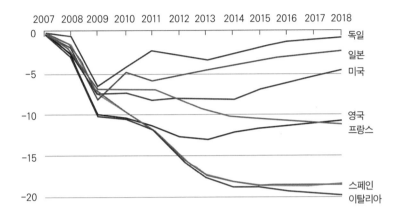

〈그림 4-6〉 유럽국가의 경제회복(2007=100)[53]

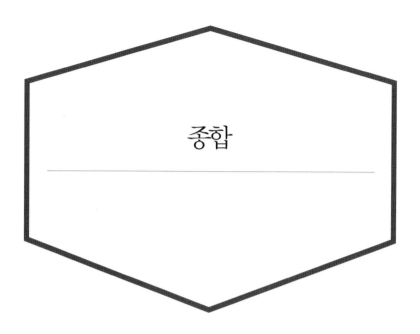

종합

　이탈리아, 핀란드, 독일 사례는 한 가지 사실을 일관되게 지적하고 있다. 중견기업이 국가경제 생태계의 강건성에 미치는 영향에 관한 것이다. 이들이 많을수록 생태계 외부에서 오는 충격에 국가가 강하게 버틸 수 있다. 이탈리아는 과도하게 중소기업에 의존하는 경제구조였다. 그러다 보니 2008년의 글로벌 금융위기와 같은 격변적 환경에 대처하기 어려웠다. 핀란드는 노키아라는 대기업에게 의존하는 경제구조였다. 이런 기업은 웬만한 충격에도 버티는 힘이 있다. 문제는 엉뚱한 곳에서 불거졌다. 2007년 등장한 애플의 스마트폰이라는 와해적 기술이 노키아를 위협했다. 여기에 2008년 글로벌 위기가 겹치자 막강한 노키아도 버티기 어려운 상황이 벌어졌다. 노키아가 어려

워지자 핀란드도 붕괴했다. 독일은 미텔슈탄트, 즉 중견기업이 매우 강하다. 독일이라고 글로벌 금융위기에서 안전한 곳은 아니었다. 다른 나라들과 마찬가지로 경제적 어려움을 겪었다. 하지만 독일의 미텔슈탄트들은 이런 위험을 스펀지처럼 흡수했다. 일부는 글로벌 금융위기에 쓰러졌을지 모르지만 상당수 미텔슈탄트들이 버티면서 국가적 위험을 분산시켰다.

5장

중견기업과 생산성 및 안정성

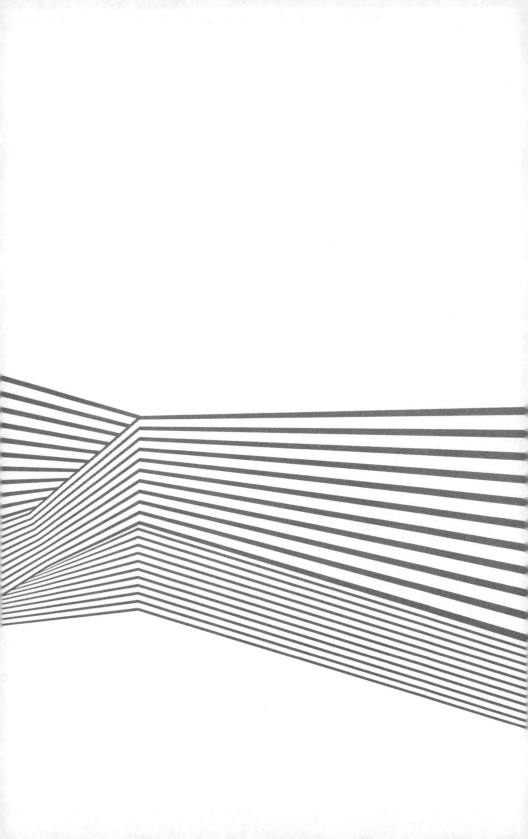

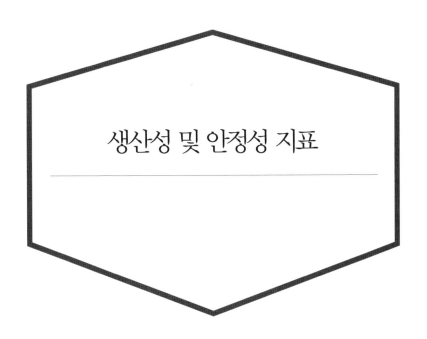

생산성 및 안정성 지표

경제 생태계의 건강성에 영향을 주는 또 다른 요인인 생산성과 안정성에 중견기업은 어떤 기여를 할까? 이를 알기 위해서는 생산성과 안정성을 알 수 있는 측정지표가 있어야 한다. 먼저 생산성에 대해 살펴보자. 일반적으로 생산성이란 투입 대비 산출량을 의미한다. 적은 투입으로 많은 산출이 발생하면 생산성이 높다고 한다. 이것을 자원활용의 효율성이라고도 한다. 하지만 경제 생태계의 건강성을 자원활용의 효율성만으로 보는 것은 옳지 않다. 수익성 개념이 포함되어야 한다. 효율성은 투입(생산에 동원된 자원)이 산출(생산된 결과물)로 변환되는 과정을 설명하는 개념이다. 이것이 좋다고 하여 기업의 최종 성과인 수익이 반드시 많은 것은 아니다. 예로 수익이 안 나는 물건을 효율적으로 만들어봐야 의미가 없다는 말이다. 즉 경제 생태계의 건강성은 생태계 참여자(기업)가 얼마나 생산과정의 효율성을 유지하고 있고 결과적으로 어떤 수익성과를 냈는지를 모두 알아야 알 수 있다. 안정성은 기업의 지불 능력과 관련이 있다. 타인자본을 너무 많이 사용하면 지불 능력에 문제가 생길 수 있다. 이런 기업을 좀비 기업이라고 한다. 좀비 기업이 많은 생태계는 불안정해진다.

효율성 지표로는 다음을 사용하기로 한다.

- 노동효율성(생산성) = $\dfrac{\text{총부가가치}}{\text{종사자 수}}$

- 총자산 효율성 = $\dfrac{\text{매출액}}{\text{총자산}}$

- 자기자본 효율성 = $\dfrac{\text{매출액}}{\text{자본}}$

- 타인자본 효율성 = $\dfrac{\text{매출액}}{\text{타인자본(부채)}}$

이들 중 총자산, 자기자본 및 타인자본 효율성을 총자산, 자기자본 그리고 타인자본 회전율이라고도 부른다. 어떻게 불리든 이들은 본질적으로 효율성 지표다. 수익성과 관련하여 다음의 지표를 사용하기로 한다.

- 매출액 영업이익률 = $\dfrac{영업이익}{매출액}$

- 총자산 영업이익률 = $\dfrac{영업이익}{총자산}$

- 자기자본 영업이익률 = $\dfrac{영업이익}{자기자본}$

- 타인자본 영업이익률 = $\dfrac{영업이익}{타인자본}$

안정성은 기업이 부채로부터 얼마나 자유로운가로 측정할 수 있다. 총자산에서 자기자본 비율이 높을수록, 총자산에서 부채가 차지하는 비중이 낮을수록 그리고 자기자본에서 부채가 차지하는 비중이 낮을수록 안정성이 높다. 안정성에 대하여는 다음 지표를 사용하기로 한다.

- 자기자본 비율 = $\dfrac{자기자본}{총자산}$

- 총자산부채 비율 = $\dfrac{총부채}{총자산}$

- 자기자본부채 비율 = $\dfrac{총부채}{자기자본}$

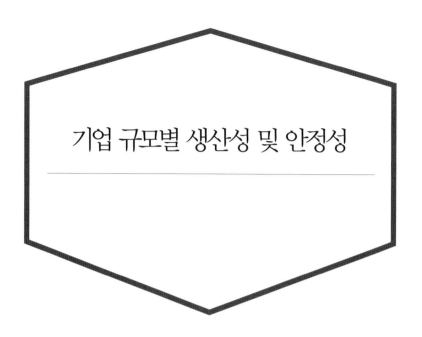

기업 규모별 생산성 및 안정성

먼저 기업 규모별 노동효율성(생산성)을 살펴보자. 〈표 5-1〉은 기업 규모별 노동효율성(총부가가치 기준)이 어떻게 달라지는지를 보여준다. 기업 규모가 작을수록 노동효율성이 떨어짐을 보여주고 있다. 500인 이상 기업은 10~99인 기업에 비해 노동효율성이 3.53배 높다. 두 가지 이유가 있다. 하나는 기업 규모가 작으면 규모의 경제 실현이 어려워서다. 다른 하나는 설비나 자동화와 같이 노동생산성을 올릴 수 있는 투자가 어렵기 때문이다. 〈표 5-1〉만으로는 정확히 중소기업, 중견기업, 그리고 대기업의 노동효율성을 알기는 어렵다. 하지만 분명한 것은 기업 규모가 커질수록 노동효율성이 높아지는 것은 틀림없다.

〈표 5-1〉 기업 규모별 노동생산성[54]

종사자 수	노동생산성	500인 이상 기업대비 비율(%)
10~99	102	28
100~299	158	44
300~499	208	58
500~	360	100

〈표 5-2〉와 〈표 5-3〉에서는 노동효율성을 제외한 총자산 효율성, 자기자본 효율성 및 타인자본 효율성, 수익성 그리고 안정성 지표를 동시에 살펴보기로 한다. 이들을 분석하기 위한 기본 자료로 〈표 5-2〉가 마련되었다. 대기업, 중견기업 및 중소기업군에 속한 기업들의 성과를 보여준다. 예로 대기업 매출액은 총 2,114개 기업이 2,126조 9,410억 원의 매출을 올렸다. 〈표 5-3〉은 〈표 5-2〉를 이용해 계산된 것이다. 전체 기업 성과의 총합을 100으로 할 때의 기업군별 비중을 보여준다.

〈표 5-2〉 기업 규모별 성과[55]

구분		전체	대기업	중견기업	중소기업
기업 수	2016년	627,456	2,114	4,010	621,332
	구성비	100.0	0.34	0.64	99.0
매출액	2016년	4,415,971	2,126,941	636,193	1,652,837
	기업당	7.0	1,006.1	158.7	2.7
영업이익	2016년	235,204	130,917	36,972	67,315
	기업당	0.4	61.9	9.2	0.1
자산	2016년	9,496,451	6,890,288	769,597	1,836,566
	기업당	15.1	3,259.4	191.9	3.0
부채	2016년	6,505,139	4,867,629	380,414	1,257,097
	기업당	10.4	2,302.6	94.9	2.0

주) 단위: 개, 10억 원, %

〈표 5-3〉 기업 규모별 기업 성과 비중

구분	중소기업	중견기업	대기업
기업 수 비중	99.0%	0.64%	0.34%
매출 비중(a)	37.4%	14.4%	48.2%
영업이익 비중(b)	28.6%	15.7%	55.7%
자산 비중(c)	19.3%	8.1%	72.6%
타인자본(부채) 비중(d)	19.3%	5.8%	74.8%
자기자본 비중(e)[1]	80.7%	94.2%	25.2%

주) 1: 자기자본 비중=100-부채비중(수치가 작을수록 안정적임)

〈표 5-3〉의 결과만 보면 대기업군의 기업 성과가 압도적이다. 예를 들면 대기업군은 한국 전체 기업 매출의 48.2%를 차지했다. 영업이익에서는 55.7%를 차지했다. 하지만 생산성(효율성, 수익성) 및 안정성 시각에서 살펴보면 결과는 달라진다. 〈표 5-4〉가 이를 보여준다.

〈표 5-4〉 기업 규모별 효율성, 수익성, 안정성

구분			중소기업	중견기업	대기업
기업 수 비중			99.02%	0.64%	0.34%
생산성	효율성	총자산 효율성(a/c)	1.94	1.78	0.66
		자기자본 효율성(a/e)	0.46	0.15	1.91
		타인자본 효율성(a/d)	1.94	2.48	0.64
	수익성	매출액 영업이익률(b/a)	0.77	1.09	1.16
		총자산 영업이익률(b/c)	1.48	1.94	0.77
		자기자본 영업이익률(b/e)	0.35	0.17	2.21
		타인자본 영업이익률(b/d)	0.74	2.71	1.48
안정성		자기자본 비율(e/c)	4.18	11.6	0.35
		총자산부채 비율(d/c)	1.0	0.72	1.03
		자기자본부채 비율(d/e)	0.24	0.06	2.97

효율성 지표에서는 중소기업, 중견기업, 그리고 대기업의 유리한 정도가 다르다. 투자된 총자산에 비해 어느 정도의 매출이 일어났는지를 보여주는 총자산 투자효율성에서는 중소기업(1.94)이 가장 높

은 비율을 보여준다. 비교적 적은 자산으로 매출을 올렸음을 의미한다. 다음은 중견기업(1.78)이고 대기업(0.66)이 가장 낮다. 대기업은 막대한 투자를 통해 매출이 일어나는 사업구조를 가졌음을 의미한다. 자기자본에 대비한 매출 수준인 자기자본 투자효율성은 대기업(1.91)이 가장 높다. 비교적 적은 자기자본으로 매출이 일어났음을 의미한다. 다른 말로 하면 자기자본보다는 주로 타인자본을 통해 사업이 영위되고 있음을 암시한다. 다음은 중소기업(0.46)이고 중견기업(0.15)이 가장 낮다. 반대 현상을 보여주는 지표가 타인자본 투자효율성이다. 타인자본을 적게 사용하여 매출이 늘어나는 정도를 보여준다. 중견기업(2.48)이 가장 높다. 다음으로는 중소기업(1.94)이고 대기업(0.64)이 가장 낮다. 중견기업들은 타인자본보다는 자기자본에 기초하여 사업을 운영함을 의미한다.

수익성의 경우 큰 차이는 아니나 대기업군의 지표가 상대적으로 좋다. 매출로 인해 발생하는 영업이익의 정도(매출액 영업이익률)를 보면 대기업(1.16)이 중견기업(1.09)과 중소기업(0.77)을 앞선다. 이 지표를 보면 매출에 의한 수익성이 한국의 경우 규모가 클수록 유리함을 보여준다. 자기자본에 대한 영업이익률도 대기업이 가장 높다(2.21). 다음은 중소기업(0.35)이다. 중견기업(0.17)이 가장 낮다. 하지만 타인자본 영업이익률에서는 반대다. 중견기업(2.71)이 가장 높고 중소기업(1.48), 대기업(0.74) 순이다. 자기자본 영업이익률과 타인자본 영업이익률은 반대 특성이 있기 때문이다. 이 둘에 의한 효과를 종합적으로 보여주는 것이 총자산 영업이익률이다. '총자산＝자기자본＋타인자본'이기 때문이다. 이것을 보면 중견기업(1.94)이 가장 높다. 자기자본과 타인자본을 모두 합친 총자산이 가장 효율적으로 투자되었음을 의미한다. 중소기업(1.48)이 다음으로 좋으며 대기업(0.77)이 가장 낮다. 종합하면, 매출액 대비 수익성은 대기업이 가장 좋으나 총자산(총투자) 대비 수익성은 중견기업이 가장 좋다.

안정성이란 기업이 외부적 충격에서 버티는 힘을 말한다. 부채가 적을수록 유리하다. 이점에서는 중견기업이 대기업과 중소기업을 압도한다. 총자산에서 자기자본이 차지하는 비중인 자기자본 비율이 중견기업(11.6)이 가장 높다. 다음은 중소기업(4.18)이며 대기업(0.35)이 가장 낮다. 이 비율은 중견기업이 자산획득 시 부채보다는 자기자본에 의존하고 있음을 보여준다. 따라서 총자산에서 부채가 차지하는 비중이 중견기업(0.72)이 가장 낮다. 중견기업이 부채를 가장 적게 사용하는 기업군이라는 의미다. 대기업(1.03)과 중소기업(1.0)은 거의 비슷한 수준에서 부채를 사용하고 있다. 자기자본과 부채 간의 비율인 자기자본부채 비율도 중견기업이 가장 낮다. 부채를 적게 사용한다는 것은 기업이 부채 때문에 발생할지 모르는 도산 가능성이 낮음을 의미한다. 이 점에서 중견기업이 가장 안정적이다.

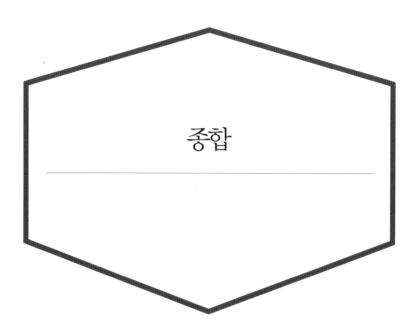

종합

생산성과 안정성에 대한 분석을 보면 기업 규모별 특징이 확연하게 다르게 나타난다. 이것을 정리한 것이 〈표 5-5〉다. 중소기업의 경우 지표들이 가장 나쁨(C)이거나 중간(B) 정도다. 가장 좋은 지표는 총자산 효율성뿐이다. 다른 대부분의 지표는 가장 나쁘거나 중간 정도다. 노동생산성, 수익성 지표인 매출액 영업이익률, 안정성 지표인 총자산부채비율이 가장 나쁘다. 다른 지표에서는 중간 정도의 특성을 보인다.

중견기업의 경우 지표들이 가장 좋음(A)이거나 중간(B) 정도다. 효율성 지표 중에는 타인자본 효율성이 좋으며 수익성 지표에서는 총자산 영업이익률과 타인자산 영업이익률이 가장 높다. 안정성 지표는 다른 기업군에 비하여 확연히 좋다. 나쁜 지표는 자기자본 효율성과 자기자본 영업 이익률이다. 그 외는 모두 중간 정도의 지표 특성을 보이고 있다.

대기업은 가장 좋음(A)이거나 가장 나쁨(C)의 지표특성을 보이고 있다. 노동효율성(생산성), 자기자본 효율성, 매출액 영업 이익률과 자기자본 영업 이익률이 높다. 다른 지표에서는 모두 나쁘다.

〈표 5-4〉 기업군별 성과지표 종합

구분			중소기업	중견기업	대기업
노동 효율성(생산성)			C	B	A
생산성	효율성	총자산 회전률	A	B	C
		자기자본 회전률	B	C	A
		타인자본 회전률	B	A	C
	수익성	매출액 영업 이익률	C	B	A
		총자산 영업 이익률	B	A	C
		자기자본 영업 이익률	B	C	A
		타인자본 영업 이익률	C	A	B
안정성		자기자본 비율	B	A	C
		총자산 부채 비율	C	A	C
		자기자본 부채 비율	B	A	C

주) A: 가장 좋음, B: 중간. C: 가장 나쁨 (3개 기업군 비교 시)

경제 생태계의 생산성 기여면에서 보면 중견기업군이 중소기업이나 대기업군보다 압도적으로 좋다는 증거를 찾기는 어렵다. 다만, 중소기업이나 대기업군처럼 나쁘거나 좋음이라는 극단적 특성이 적게 나타나고 있다. 매우 좋거나 중간을 보이는 지표들이 많다. 평균적 시각에서 볼 때 중견기업이 경제 생태계의 생산성(효율성, 수익성) 측면에서 기복 없이 기여하고 있음을 의미한다. 안정성 면에서는 중견기업이 중소기업이나 대기업보다 압도적으로 좋다. 중견기업이 경제 생태계에 많을수록 생태계가 외부 충격에도 안정적으로 버틸 수 있음을 암시한다.

6장

중견기업과 혁신성

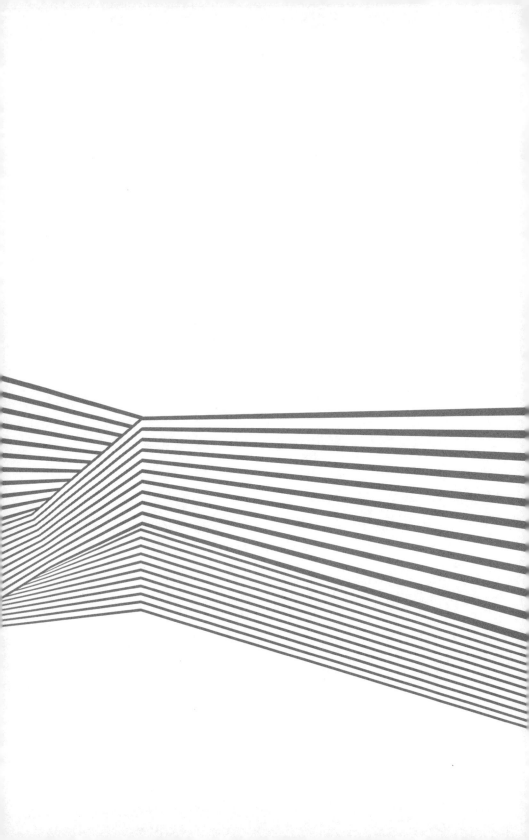

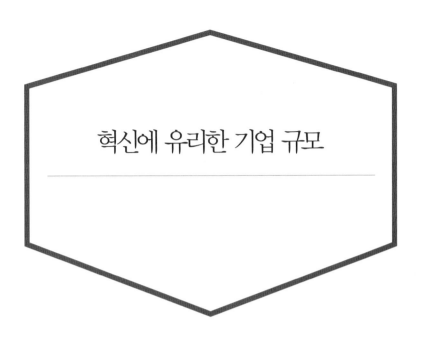

혁신에 유리한 기업 규모

경제 생태계가 건강하기 위한 또 다른 조건은 여기에 속한 기업들의 혁신성이 높아야 한다. 기업은 다양한 혁신을 수행한다.

- 제품 서비스 혁신: 기존 제품·서비스를 대체하는 신제품·서비스를 창출하는 혁신
- 공정 혁신: 새로운 공법을 통해 생산성을 높이는 혁신
- 관리 혁신: 관리방식이나 절차를 변경하여 기업의 조직활력을 높이는 혁신
- 비즈니스 모델 혁신: 비즈니스의 전략적 변화를 통해 기업 성과를 높이는 혁신

앞의 혁신들이 경제 생태계를 건강하게 만드는 데 기여하지만 특별히 제품·서비스 혁신과 공정혁신이 중요한 의미가 있다. 이들을 기술 혁신이라고도 하는데 경제 생태계 변화에 미치는 영향이 커서다. 기존 기술을 완전히 대체하여 경제 생태계를 변혁시키는 기술 혁신인 파괴적 혁신disruptive innovation이 예다. 파괴적 혁신의 경우 등장 당시에는 기존 기술보다 성능이 낮을 수 있다. 하지만 어느 순간 기존 기술의 성능을 뛰어넘어 시장의 판도를 바꾸는 변혁을 일으킨다. 〈그림 6-1〉이 이를 보여준다. 애플의 스마트폰이 기존의 폴더형 휴대폰을 대체한 것이 좋은 예다. 휴대폰의 강자 노키아는 무너졌고 애플이라는 새로운 강자가 등장했다.

〈그림 6-1〉 파괴적 혁신[56]

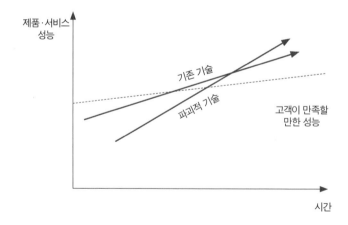

어떤 규모의 기업이 기술 혁신을 잘할까? 이에 대해 무수히 많은 연구가 이루어졌지만 명쾌한 답은 없다. 기업 규모가 클수록 유리하다는 연구들과 규모가 작을수록 유리하다는 연구가 팽팽히 맞서고 있다.[57] 기업이 클수록 유리한 이유는 기술 혁신에 동원할 수 있는 자원이 풍부하기 때문이다. 대기업일수록 기술 혁신에 필요한 인력보유가 쉽고 필요한 자금동원도 쉽기 때문이다. 기업이 작을수록 유리한 이유는 기업 규모가 커짐에 따라 나타나는 관료적 경직성이 줄어들기 때문이다. 기업이 관료적일수록 기술 혁신에 대한 유연성이 줄어들고 시야가 좁아진다. 다른 연구에서는 중간 규모의 기업이 기술 혁신에 유리하다고도 주장한다.[58] 중간 규모 기업은 자원동원력도 어느 정도 있으면서 기술 혁신에 대한 유연성도 발휘할 수 있기 때문이다. 이렇게 기업 규모와 기술 혁신의 관계가 혼란스러운 이유는 상황성이 강하게 작용해서다. 예로, 산업에 따라서는 대기업이 기술 혁신에 유리한 때도 있고 중소기업 또는 중견기업이 유리한 때도 있다.[59] 기술 혁신에 막대한 자금이 소요되는 산업의 예로 제약산업에서는 대기업이 유리하다. 또한 기술 혁신은 기업이 처한 제도적 특성에 의해서도 영향받는다.[60] 대기업이 유리하도록 국가제도가 되어 있다면 당연히 대기업이 유리하다. 만일 중소기업이나 중견기업에 유리하도록 제도가 되어 있다면 이들 기업이 기술 혁신에 유리하다.

한국 중견기업들의 취약성:

혁신

　불행히도 한국의 중견기업들은 혁신성이 평균적으로 높지 못하다. 이를 알 수 있는 지표가 연구개발 집약도(R&D 투자액/매출액)다. 중견기업의 연구개발 집약도는 2015년 기준 1.12%에 불과하다. 한국 전체 기업의 평균 집약도인 3.02(2015년 기준)의 37% 수준이다. 이러한 격차는 시간이 지나면서 더 벌어졌다. 2006년 전체 기업의 연구개발 집약도는 2.36이었다. 중견기업은 1.25였다. 전체 기업 대비 53% 수준이었다. 대체로 2009년까지 유사한 수준을 보이다 2010년이 되면서 이 격차가 더욱 벌어졌다. 2010년에는 전체 기업의 41% 수준으로 떨어졌고 2013년에는 31% 수준으로 떨어졌다. 대기업과 중소기업의 연구개발 집약도는 늘어나는 추세임에도 중견기업은 정체 또는 줄어드는 현상을 보였다.

<표 6-1> 연도별 기업의 연구개발 집약도[61]

구분		2006	2007	2008	2009	2010	2011	2012	2013	2014	2015
한국 전체 기업[1]		2.36	2.43	2.13	2.34	2.38	2.56	2.56	2.83	2.96	3.02
중견기업 전체/ 한국 전체 기업		0.53	0.57	0.53	0.61	0.41	0.44	0.42	0.31	0.35	0.37
중견 기업[2]	전체	1.25	1.38	1.13	1.42	0.98	1.13	1.08	0.88	1.05	1.12
	제조	1.42	1.65	1.23	1.59	0.98	1.16	1.37	1.09	1.42	1.52
	비제조	0.99	0.99	0.98	1.19	0.98	1.09	0.62	0.57	0.5	0.57

주) 1: 미래창조과학부·한국과학기술기획평가원(2015)
　　2: 산업통상자원부(2017)

한국기업들의 연구개발 집약도가 결코 높은 수준이 아니다. 주요국 연구개발 50대 기업의 평균 연구개발 집약도를 비교해보면 그 수준 차이가 극명하게 들어난다. 연구개발 50대 기업이란 연구개발 투자액이 가장 큰 상위 50개 기업을 의미한다. <표 6-2>를 보면 세계 주요국 연구개발 50대 기업의 연구개발 집약도를 볼 수 있다. 미국과 일본 기업들이 최상위에 있다. 이 중 미국기업과 한국기업을 비교하면 한국의 50대 기업들은 대체로 미국 50대 기업의 약 31~52% 사이의 연구개발 투자를 하였으며 시간이 가면서 격차가 커지고 있다. 이런 시각에서 보면 한국의 중견기업 연구개발 집약도는 글로벌 수준에서 볼 때 매우 취약한 것이다.

<표 6-2> 주요국 연구개발 50대 기업 연구개발 집약도(%)[62]

구분	2005	2006	2007	2008	2009	2010	2011	2012	2013	2014	2015
미국	6.0	6.2	5.8	5.9	6.7	6.5	6.2	7.6	6.6	8.0	8.5
일본	5.1	5.2	4.8	5.4	5.9	5.5	4.8	6.0	5.3	4.9	5.0
독일	4.0	3.2	3.6	3.8	3.9	3.7	3.6	3.7	4.3	4.3	4.3
영국	2.6	2.8	2.9	2.3	2.7	2.6	2.3	2.4	2.3	2.7	3.6
프랑스	2.8	3.0	3.1	2.8	3.1	2.6	2.6	2.6	2.9	2.9	3.0
한국	2.9	3.2	2.7	2.4	2.3	2.6	2.5	2.4	2.7	2.9	3.0
한국/미국	0.48	0.52	0.47	0.41	0.34	0.40	0.40	0.32	0.41	0.36	0.35

중견기업의 연구개발 집약도가 낮은 이유는 대기업 의존성과 무관하지 않다. 대기업의 수직계열 속에 있을수록 독자적 연구를 수행할 자극이나 기회를 갖지 못하기 때문이다. 대기업은 납기나 생산성 그리고 가격조건에만 민감할 뿐 새로운 연구에 관심을 두는 경우가 드물다. 불행히도 한국의 중견기업들은 대기업 의존도가 매우 높다. <그림 6-2>가 이것을 보여준다. <그림 6-2>는 2015년 중견기업 1,017사를 대상으로 작성된 것이다. 중견기업의 74.8%가 대기업과의 거래에서 매출이 발생한다고 응답했다.

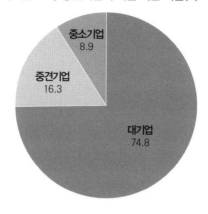

〈그림 6-2〉 중견기업의 매출 의존 비율(%)[63]

〈표 6-3〉 한국 자동차 산업의 수직계열화[64]

계열	기업 수
1차 협력사	851개
2차 협력사	5,000여 개
3차 협력사	3,000여 개

좋은 예가 한국의 자동차 산업이다. 이 산업은 대기업-중견기업-중소기업의 수직계열화가 가장 잘 발달한 산업 중 하나다.

〈표 6-3〉을 보면 한국의 자동차 대기업(현대기아, 르노삼성, 쌍용, 한국 GM, 타타대우 등)과 1차 납품 협력관계를 맺는 기업은 851개다. 이들 중에는 중소기업도 있지만 대체로 중견기업이 많다. 2차 기업은 1차 기업에게 납품을 하는 기업들이다. 3차 기업은 2차 기업에게 납품을

한다. 한국의 자동차 산업은 이런 식으로 철저히 수직적으로 분화되어 있다. 이 경우 기업의 연구개발 역량은 어느 정도일까? 〈그림 6-3〉이 이를 짐작하게 해준다. 〈그림 6-3〉을 보면 대규모 6개 부품사의 연구개발 집약도는 2016년 기준 1.47 정도다. 이들과 협력관계를 맺고 있는 매출액 1,000억 원 이상 기업의 집약도는 0.87이다. 매출액 1,000억 원 미만 기업의 집약도는 0.59다. 수직계열화의 하위 단계에 있을수록 연구개발 집약도가 낮아지고 있다. 물론 대기업과의 거래가 무조건 나쁜 것은 아니다. 글로벌 기업으로 성장하기 위해서는 일차적으로 한국 내에서 대기업과의 거래경험이 있어야 한다. 이것이

〈그림 6-3〉 자동차 부품 기업의 매출액별 연구개발 집약도[65]

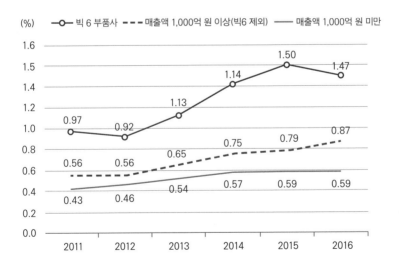

참조되어 글로벌 시장으로의 진입이 가능하다. 이런 혜택이 있지만 연구개발 집약도 면에서는 불리하다.

또 다른 이유도 있다. 국가정책과 관련이 있다. 한국의 중견기업들은 정부로부터 충분한 연구개발 지원을 받지 못하고 있다. 중소기업에게는 제공되는 다양한 연구개발 지원이 중견기업이 된 후 3년이 지나거나 3,000억 원 이상의 매출이 일어나면 줄어들거나 끊긴다. 중견기업을 중견기업으로 보는 것이 아니라 정부가 규제할 대기업으로 인식하기 때문이다. 이로 인해 중소기업→중견기업으로의 성장을 포기하는 피터팬 증후군이 일어나기도 한다. 이에 대하여는 뒤에서 다시 설명할 예정이다.

한국 중견기업의 가능성

그렇다고 모든 중견기업의 혁신성이 무조건 낮은 것은 아니다. 이들 중에는 글로벌 수준의 탁월한 역량을 보이는 곳도 있다. 세계적 일류상품을 만드는 기업 중에는 중견기업들이 적지 않다. 세계일류상품이란 글로벌 시장에서의 시장점유율 1위인 제품을 말한다. 산업통상자원부는 2001년부터 세계일류상품을 선정해 발표하고 있다. 〈그림 6-4〉에 따르면 2015년 기준 한국기업으로 세계시장 점유율 1위에 올라선 기업은 모두 161개로 집계되었다.

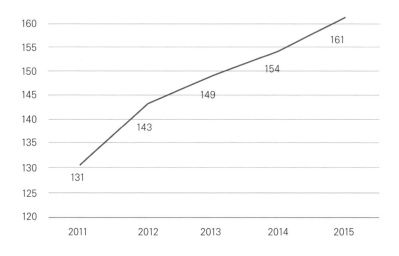

〈그림 6-4〉 세계일류상품: 시장점유율 1위 품목 수 추이[66]

〈표 6-4〉 세계일류상품 기업 규모별 분포[67]

구분	품목 수	비중
대기업	68	42.23%
중견기업	46	28.57%
중소기업	47	29.20%
합계	161	100.00%

주) 중견기업: 중견기업 특별법에 명시된 기업

〈표 6-4〉에 의하면 중견기업이 세계일류상품 점유비중이 28.57%를 점하고 있다. 2장에서 보았듯 한국 전체 기업 중 중견기업 비중은 0.63%에 불과함을 고려하면 엄청난 수다. 이는 한국 중견기업의 가능성을 보여준다.

7장

중견기업과 국가사회 기여도

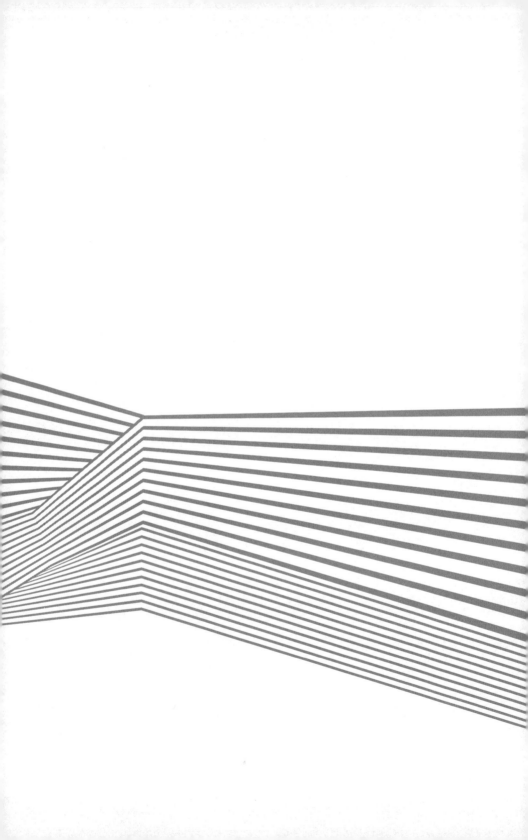

국가사회 기여도 지표

지금까지는 중견기업의 국가경쟁력 강화를 위한 전략적 가치와 경제 생태계적 가치에 대해 살펴보았다. 지금부터는 중견기업의 국가사회에의 기여에 대해 살펴보기로 한다. 아무리 국가 전략적 가치가 높고 경제 생태계적 가치가 높아도 국가사회에 대한 기여가 낮다면 의미는 반감된다. 국가사회에의 기여는 여러 각도에서 볼 수 있지만 투자기여도, 수출기여도, 고용기여도 그리고 타인자본 소비도가 특히 중요하다.

- 투자기여도: 투자적 시각에서의 국가사회 기여를 말한다. 기업의 투자가 국가사회에 주는 의미는 매우 크다. 기업의 투자 예로 생

산설비투자가 줄어들면 국가와 사회에서의 경제위축이 일어나기 때문이다. 생산설비투자가 늘어야 다른 기업들의 먹거리도 증가하고 이를 통해 직간접적인 고용도 늘어난다. 총자산 규모를 통해 기업의 투자기여도를 알 수 있다. 기업 규모별 총 투자액을 단순 비교하는 것은 의미가 없다. 기업 수의 많고 적음에 의한 착시가 있을 수 있어서다. 이를 없애기 위해 기업 규모별 총자산 비중을 해당 기업 규모 군의 기업 수 비중으로 나눈 지표를 사용하기로 한다.

$$\text{투자기여도} = \frac{\text{기업 규모별 총자산 비중}}{\text{기업 규모별 기업 수 비중}}$$

■ 수출기여도: 한국처럼 대외개방성이 높은 나라에서는 이 지표가 특히 중요하다. 수출기여는 절대적 의미의 기여(수출 비중 정도)도 있지만 수출효율성도 동시에 살펴볼 필요가 있다. 수출효율성은 두 가지 시각에서 볼 수 있다. 하나는 총자산 수출효율성이다. 수출을 위해 총자산을 어느 정도 투자했는가를 보는 지표다. 다른 하나는 사회로부터 받은 지원에 비해 어느 정도의 수출성과를 냈는지를 살펴보는 것이다. 타인자본 수출효율성이다. 기업 수의 많고 적음에 의한 착시효과를 없앤 지표를 사용하기로 한다.

$$\text{절대적 수출기여도} = \frac{\text{기업 규모별 수출 비중}}{\text{기업 수 비중}}$$

$$\text{총자산 수출효율성} = \frac{\text{기업 규모별 수출 비중}}{\text{기업 규모별 총자산 비중}}$$

$$\text{타인자본 수출효율성} = \frac{\text{기업 규모별 수출 비중}}{\text{기업 규모별 타인자본 비중}}$$

■ 고용기여도: 기업이 얼마나 고용에 기여했는지를 알 수 있는 지표다. 이것을 계산하기 위해서는 두 가지 요소가 필요하다. 하나는 고용계수다. 기업이 일정한 매출(예로 100만 달러 혹은 10억 원)이 발생했을 때 고용되는 사람의 수를 말한다. 다른 하나는 고용품질이다. 아무리 많은 인원을 고용했다고 해도 그 품질이 나쁘면 고용기여도가 좋다고 말할 수 없다. 고용품질은 임금 수준으로 측정한다.

고용기여도 1 = 고용계수
고용기여도 2 = 고용품질(상대적 인건비 수준)

타인자본 소비도: 국가사회가 제공하는 타인자본을 어느 기업군이 가장 많이 소비하는지를 알기 위한 지표다. 한 기업은 필요한 자본을

자기자본과 타인자본을 통해 조달한다. 자기자본이란 주주들의 돈이 거나 기업이 벌어 잉여로 남긴 돈을 말한다. 타인자본은 금융기관과 같이 남에게서 빌린 돈을 말한다. 기업의 시각에서는 부채다. 남에게 서 많은 돈을 빌렸다는 것은 국가사회가 그만큼 해당 기업에게 혜택 을 주었음을 의미한다. 이런 혜택 없이도 성장하는 기업이 국가사회 기여도가 높다고 할 수 있다. 다른 지표와 마찬가지로 기업 수로 인 한 착시효과를 없앤 지표를 사용하기로 한다.

$$타인자본 소비도 = \frac{기업 규모별 타인자본(부채) 비중}{기업 규모별 기업 수 비중}$$

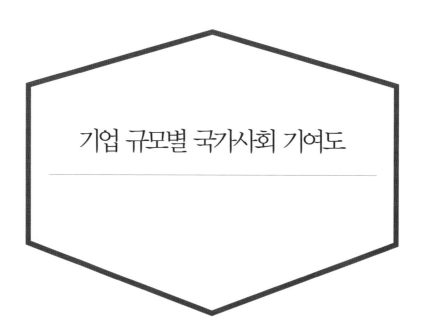

기업 규모별 국가사회 기여도

앞서 살핀 네 가지 요소를 비교하면 중소, 중견, 그리고 대기업군의 국가사회 기여도를 계산할 수 있다. 〈표 7-1〉과 〈표 7-2〉가 이를 위해 마련되었다.

〈표 7-1〉을 보면 중견기업의 전체 기업 수에서의 비중은 0.64%다 (2장에서는 0.63%로 제시하였는 바 이는 2014, 2015, 2016년의 3년 평균임). 대기업은 0.34%이며 중소기업은 99.0%다. 기업 수 관점에서 보면 대부분이 중소기업이다. 〈표 7-2〉는 국가사회 기여도를 살펴보기 위해 〈표 7-1〉을 가공한 것이다.

<표 7-1> 기업 규모별 특성

구분		전체	대기업	중견기업	중소기업
기업 수[1]	2016년 (개)	627,456	2,114	4,010	621,332
	구성비(%)	100.0	0.34	0.64	99.0
수출액[2]	2017년	571.4	378.7	91.8	100.8
	구성비(%)	100.0	66.3	16.1	17.6
고용계수	2016년	–	2.6	5.1	10.7
임금 수준[4]	2018년	–	3,174	2,892	2,394
	대기업=1		1	0.91	0.75
자산[5]	2016년	9,496,451	6,890,288	769,597	1,836,566
	구성비(%)	100.0	72.6	8.1	19.3
부채[5]	2016년	6,505,139	4,867,629	380,414	1,257,097
	구성비(%)	100.0	74.8	5.8	19.3

주) 1: 통계청(2016)[68]
2: 통계청·관세청(2017)[69] (단위: 10억 달러)
수출하지 않는 기업들을 제외한 수치
3: 코트라(2017),[70] 수출에 의한 고용계수를 적용(100만 달러당 고용)
4: 스포츠조선(2018. 1. 3)[71] (단위: 만 원)
5: 통계청(2016) (단위: 10억 원)

고용기여도는 엇갈린 결과를 보여준다. 고용계수, 즉 단위 매출(여기서는 100만 달러당 수출액)당[72] 고용량에서는 중소기업(10.7)이 가장 높다. 중견기업(5.1) 그리고 대기업(2.6) 순이다. 한국의 고용을 중소기업이 절대적으로 책임지고 있음을 의미한다. 하지만 고용품질은 다르다. 대기업이 가장 높다. 대기업을 1로 볼 때 중견기업은 0.91 그리고

〈표 7-2〉 중소, 중견, 대기업의 국가사회 기여도

구분		대기업		중견기업		중소기업	
기업 수 비중(%)		0.34		0.64		99.0	
수출 비중(%)		66.3		16.1		17.6	
고용계수(%)		2.6		5.1		10.7	
임금 수준		1		0.91		0.75	
자산비중(%)		72.6		8.1		19.3	
부채비중(%)		74.8		5.8		19.3	
투자기여도		213.53	A	12.66	B	0.19	C
수출기여도	절대적 수출기여도	195	A	25.16	B	0.18	C
	총자산 수출효율성	0.91	B	1.99	A	0.91	B
	타인자본 수출효율성	0.89	C	2.78	A	0.91	B
고용기여도	고용계수	2.6	C	5.1	B	10.7	A
	고용품질	1	A	0.91	B	0.75	C
타인자본 소비도[1]		220	C	9.06	B	0.19	A

주) 1: 낮을수록 사회가 제공하는 타인자본 소비를 덜함
  A: 가장 좋음, B: 중간, C: 가장 나쁨(3개 기업군 비교 시)

중소기업은 0.75 수준이다. 대기업은 고용품질은 좋지만 고용계수가 가장 나쁘다. 중소기업은 고용계수는 가장 높지만 고용품질은 가장 나쁘다. 이에 비해 중견기업은 고용품질에서 대기업과 큰 차이가 없으면서 고용계수는 대기업보다 좋다. 대기업의 1.96배다.

타인자본 소비도는 국가사회가 보유한 희소자원인 자본을 누가

더 많이 소비하는가를 보기 위한 지표다. 중소기업(0.19)이 가장 낮다. 국가사회로부터 자본을 잘 빌려 쓰지 못하고 있다는 의미다. 다음은 중견기업(9.06)이다. 대기업(220)이 가장 높다. 한국사회에서는 대기업이 대부분의 돈을 빌려 쓰고 있음을 보여준다. 중견기업의 24.3배, 중소기업의 1,157.9배에 이른다. 이는 한국사회가 제공하는 타인자본의 소비를 전체 기업 수의 0.34%에 불과한 대기업들이 대부분 쓰고 있음을 말해준다. 이상의 결과를 살펴보면 한국의 중소, 중견, 그리고 대기업의 역할이 분명하게 나뉜다.

- 대기업: 경제에 활력을 불어넣는 투자기여도와 절대적 수출기여도 그리고 고용품질이 가장 좋다. 하지만 고용계수와 타인자본 수출효율성과 타인자본 소비도는 가장 나쁘다.
- 중견기업: 총자산 및 타인자본을 활용한 수출효율성이 가장 좋다. 대기업과 중소기업과 비교하여 가장 나쁨을 보이는 지표는 없다.
- 중소기업: 고용계수가 가장 높고 타인자본 소비도 가장 적게 하고 있다. 하지만 투자기여도, 절대적 수출기여도와 고용품질은 가장 나쁘다.

종합하면, 대기업과 중소기업의 국가사회 기여는 양 극단적 모습을 보인다. 중소기업은 나쁨과 좋음의 극단에 있다. 대기업은 좋음-중간-나쁨의 지표특성을 보인다. 이들은 한 면에서는 좋은데 다른 면에서는 나쁜 이중적 특성이 있다. 이에 비해 중견기업은 국가사회에 대한 기여는 중간-좋음에 해당한다. 국가사회에의 기여가 긍정적 방향으로 흐르고 있음을 의미한다.

3부

중견기업의 성장을 막는 나라,
중견기업을 키우는 나라

8장

중견기업의 성장을 막는 나라

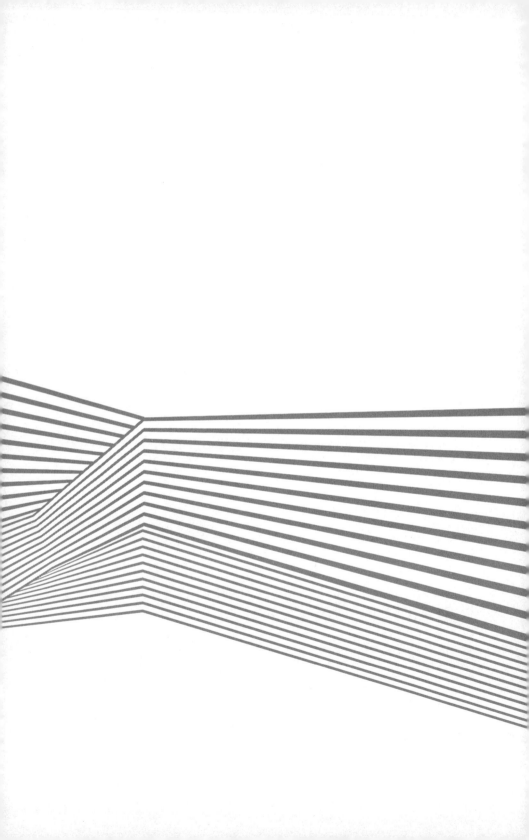

피터팬 증후군과 중견기업으로의 성장을 멈추게 하는 정부 정책들

　중견기업이 한국경제에서 차지하는 가치는 대기업이나 중소기업보다 절대 낮지 않고 오히려 높음을 살펴보았다. 국가 전략적 가치, 생태계적 가치, 그리고 국가사회 기여가치 모두에서 상대적 우위를 발견할 수 있었다. 그럼에도 한국에서는 중견기업에 대한 인식이 낮다. 한편에서는 중소기업이 중견기업으로 성장하는 것을 거부하는 이상한 일도 벌어지고 있다. 이런 현상을 피터팬 증후군이라고 한다. 나이가 먹어가며 어른이 되어야 하지만 계속 어린아이로 남아 있으려는 현상을 빗댄 말이다. 왜 그럴까? 성장으로 오히려 미래가 불투명해지기 때문이다. 가장 큰 이유는 잘못된 정책 때문이다. 중소기업 시절의 국가지원이 중견기업으로 성장하면 사라지고 정부규제는 더욱 심해지기 때문이다.

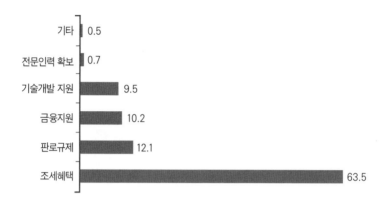

〈그림 8-1〉 중견기업으로 성장하지 않으려는 이유[73]

기타	0.5
전문인력 확보	0.7
기술개발 지원	9.5
금융지원	10.2
판로규제	12.1
조세혜택	63.5

〈그림 8-1〉은 중소기업들이 중견기업으로 성장하지 않으려는 이유를 보여준다. 가장 큰 것이 조세부담 증가다. 조세특례제한법상 주요 세액공제 및 감면혜택이 사라지는 것이 가장 크다. 〈표 8-1〉이 구체적인 내용을 보여준다. 연구·인력개발비를 예로 들면 이에 대한 세액공제가 중소기업 때는 25%까지다. 중견기업이 되면 연차별로 차츰 줄어 일반 중견기업이 되면 2~3%선으로 떨어진다. 연구·인력개발을 위한 설비투자 세액공제도 마찬가지다. 중소기업은 6%까지 공제를 받지만 중견기업은 매출액 3,000억 원 미만의 경우만 3% 그리고 이를 넘어서는 경우 대기업과 동일한 1%의 세액공제를 받는다. 기술이전 및 기술취득에 대한 과세특례도 유사하다. 중견기업은 매

출액 3,000억 원 미만의 경우만 중소기업과 동일한 혜택을 받을 수 있다. 이보다 커지면 혜택이 사라진다.

이것은 빙산의 일각이다. 중소기업으로 있다가 중견기업이 되면 공제 및 감면혜택이 아예 사라지는 것들도 많다. 〈표 8-2〉는 중소기업에만 제공되는 조세특례제한법상 세액공제 및 감면을 보여주고 있다. 중소기업으로서는 중견기업으로 성장해봐야 이득이 없다고 생각할 수 있다. 성장을 거부하는 이유다.

〈표 8-1〉 조세특례제한법상 주요 세액공제 · 감면[74]

세액공제 · 감면	조세특례제한법	내용	시한
연구 · 인력개발비에 대한 세액공제	제10조 제1항	중소(유예포함): 25% 중견 1~3년: 15% 중견 4~5년: 10% 중견(3년 평균 매출액 5,000억 원 미만): 8% 일반: 2~3%	
연구 · 인력개발을 위한 설비투자 세액공제	제11조 제1항	중소 6%, 중견 3%(매출액 3,000억 원 미만), 대기업 1%	2018. 12. 31 까지
기술이전 및 기술취득에 대한 과세특례	제12조	중소 · 중견기업(매출액 3,000억 원 미만) 50% 세액감면(이전 소득에 한해서만	2018. 12. 31 까지
가업승계 증여세 과세특례	제30조의 6	중소 · 중견(매출액 3,000억 원 미만) 5억 원 공제(과세가액 100억 원 한도) 10% 특례세율(30억 원 초과분에 대해서는 20% 세율)	

〈표 8-2〉중소기업만 지원하는 조세특례제한법상 주요 세액공제·감면[75]

세액 공제·감면	조세특례제한법
중소기업 특별세액 감면	제7조
상생결제 지급금액 세액 공제	제7조의 4
산업수요맞춤고교 졸업자 병역 후 복직시킨 중소기업 세액 공제	제29조의 2
경력단절 여성 재고용 중소기업 세액 공제	제29조의 3
내일채움공제 소득세 감면	제29조의 6
중소기업 취업자 소득세 감면	제30조
정규직 근로자 전환에 따른 세액 공제	제30조의 2
고용유지 중소기업 과세특례	제30조의 3
중소기업 고용증가인원에 대한 사회보험료 세액 공제	제30조의 4
중소기업간의 통합에 대한 양도소득세 이월과세	제31조
사업전환 중소기업 및 무역조정 지원기업에 대한 세액 감면	제33조의 2
수도권 과밀억제권역 밖으로 이전하는 중소기업 세액 감면	제63조
농공단지 입주기업 세액 감면	제64조
중소기업 공장이전에 대한 과세특례	제85조의 8
중소기업 최대주주 주식할증평가 적용특례	제101조
관세의 경감	제118조
해외진출 기업의 국내 복귀에 대한 관세 감면	제118조의 2

이것으로 끝이면 다행이다. 소득세법 역시 중소기업과 중견기업을 차별하고 있다. 〈표 8-3〉을 보면 중소기업은 연구요원의 연구보조비 또는 연구활동비에 대해 월 20만 원 한도에서 비과세하고 있다. 하

지만 중견기업은 이런 혜택을 받을 수 없다. 중소기업은 당해 과세기간의 이월결손금이 발생하면 결손금소급공제액을 환급받을 수 있다. 중견기업에는 이런 혜택이 없다.

〈표 8-3〉 중소기업과 일반기업을 차등하는 소득세법[76]

구분	소득세법	차등
연구개발 전담부서 연구요원 소득세 감면	제12조	중소기업 연구개발 전담부서 연구요원의 연구보조비 또는 연구활동비를 비과세(월 20만 원 한도)
접대비의 필요경비 불산입	제35조 제1항 제1호	사업자가 해당과세 기간에 지출한 접대비 합계금액 초과액은 필요경비 불산입(1,200만 원(중소: 1,800만 원)) ×해당과세기간 개월 수) / 12(2016. 12. 31까지)
결손금 소급공제에 의한 환급	제85조의 2 제1항	중소기업이 당해 과세기간의 이월결손금이 발생한 경우 직전과세 기간의 사업소득에 부과된 종합소득결정 세액을 한도로 계산한 결손금소급공제액을 환급

세금만 혜택이 줄어들면 참을 만하다. 경영 곳곳에서 브레이크가 걸린다. 〈표 8-4〉를 보면 중견기업은 대도시 도시생활밀접형 공장의 신증설이 허락되지 않는다. 중소기업은 예외다. 공공기관에 대한 판로도 막힌다. 자금조달이나 하도급 거래에서도 불이익을 받는다. 기업승계 과정도 중소기업과 비교해 매우 까다롭다.

구분	애로사항
생산(공장 신증설)	대도시 도시생활 밀접형 공장 신증설 불허(중소기업은 허용)
판로(공공구매입찰 제한)	공공기관 특정 구매물품의 경우 중견기업이 되면 입찰 기회 박탈
자금조달	중소기업은 정책적 지원으로 우대하나 중견기업의 경우는 신용한도 축소와 대출연장 기피 등을 경험
하도급 거래	중소기업의 납품대금은 대기업으로부터 60일 이내 지급하도록 의무화되었으나 중견기업은 120일 내 결제를 받게 됨
가업승계	기업상속과 상속에 따른 공제혜택이 있으나 중소기업보다 매우 까다로움

일감 몰아주기 과세제도도 유사하다. 원래의 목적은 대기업 규제와 편법적인 부의 대물림을 막기 위한 수단이었다. 그런데 뚜껑을 열어보니 피해자는 중견기업이었다. 중견기업의 경우 거래의 효율성, 보안성, 또는 긴급성 등의 이유로 내부거래(특수관계법인 간 거래)를 할 수밖에 없는 경우가 많다. 예로 특수한 부품제작이나 모듈공급의 경우 대체 가능한 다른 중소기업이 없거나 기술 유출 위험이 있으면 내부거래가 불가피하다. 이런 상황에 대한 인식 없이 무조건 내부거래를 일정률로 제한하면서 그 피해가 고스란히 중견기업에게 전가되었다.

이들 법만으로도 벅찬데 한국에는 중견기업 옥죄기 법이 도처에 있다. 중소벤처기업부(조사 당시 중소기업청)에 따르면 중견기업이 되면 불이익을 주는 법들이 전 부처에 걸쳐 산재해 있는 것으로 파악되었다. 〈표 8-5〉가 이들에 대한 예시다.

〈표 8-5〉 중견기업 관련 개정요청이 되는 시급한 법령[78]

〈중소벤처기업부〉	〈산업자원통상부〉	〈기획재정부〉
• 중소기업 인력지원 특별법 • 중소기업제품 구매촉진 및 판로지원에 관한 법률 • 중소기업진흥에 관한 법률 • 중소기업 기술 혁신촉진법 • 중소기업 기술보호 지원에 관한 법률 • 벤처기업 육성에 관한 특별조치법 시행령 • 중견기업 성장촉진 및 경쟁력 강화에 관한법률 및 동법 시행령 〈공정거래위원회〉 • 하도급거래 공정화에 관한 법률 및 동법 시행령 〈산업자원통상부〉 • 산업기술단지 지원에 관한 특례법 시행령	• 산업기술 혁신촉진법 및 동법 시행령 • 산업융합촉진법 • 기술의 이전 및 사업화 촉진에 관한 법률 • 무역보험법 및 동법 시행령 • 무역거래 기반 조성에 관한 법률 및 동법 시행령 • 환경 친화적 산업구조로의 전환 촉진에 관한 법률 및 동법 시행령 • 신에너지 및 재생 에너지 개발·이용·보급 촉진법 시행령 〈과학기술정보통신부〉 • 국가연구개발사업의 관리 등에 관한 규정	• 조세특례제한법 • 관세법 및 동법 시행령, 동법 시행규칙

여기저기 널려 있는 규제와 혜택축소는 중소기업으로 하여금 중견기업이 되는 것을 꺼리게 하는 피터팬 증후군을 앓게 한다. 이에 민감한 중소기업들은 어떤 행동을 할까? 그 방법이 〈그림 8-2〉에 나타나 있다.

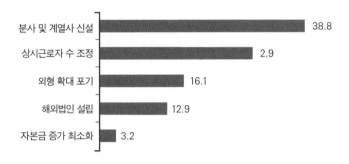

〈그림 8-2〉 중소기업으로 남기 위한 방법들[79]

분사 및 계열사 신설	38.8
상시근로자 수 조정	2.9
외형 확대 포기	16.1
해외법인 설립	12.9
자본금 증가 최소화	3.2

　가장 많이 사용되는 방법이 기업 쪼개기와 종사자 수 조정이다. 중소기업을 넘지 않기 위해 임의로 인력을 감축하고 남는 인원은 다른 회사를 세워보내는 방식이다. 외형을 가능한 늘리지 않는 것은 기본이다. 기업경쟁력 확보에 필요한 인수합병은 절대 하지 않는다. 경쟁력 향상으로 얻는 불확실한 이익보다 규모가 커져 줄어드는 불이익이 더 크다고 생각해서다.

중견기업 성장에 관심이 적은 정부:

역사적 이유

피터팬 증후군이 심각함에도 이 문제가 고쳐지지 않고 있는 이유는 정부가 중견기업 성장에 관심이 적어서다. 관심이 있다고 하여도 심각한 부작용을 일부 손대는 정도다. 그것도 전체 중견기업을 대상으로 하지 않는다. 중견기업으로 진입한 3년 이내 그리고 매출 3,000억 원 미만의 초기 중견기업에게 일부 규제 완화 정책을 시행하고 있다. 3년 후 또는 매출이 3,000억 원을 넘는 순간 혜택은 사라지고 다양한 목조르기가 들어올 것임을 아는 중소기업이 피터팬 증후군에서 쉽게 벗어날 리 없다.

왜 중견기업에 대한 정부 관심이 약할까? 정부의 중소기업 대 대기업이라는 이분법적 사고 때문이다. 한국의 산업정책은 오랜 기간 중소기업과 대기업의 이분법에 의해 작동되었다. 산업화 초기에는 대기업 성장을 중시하는 정책이 사용되었다. 〈그림 8-3〉이 이에 대한 개요를 보여준다. 이 시기 정부는 우선 성장시킬 산업을 지정하고 여기에 속한 소수 대기업에 지원을 몰아주었다. 여기서 빠진 기업들은 해당 산업에 들어갈 엄두도 못 냈다. 정부가 진입장벽을 쳐서다. 이들 소수 대기업에게는 정책자금이 지원되었다. 1970년대만 하여도 월 2%, 연으로 환산하면 24%의 금리가 일반적이었다. 이런 상황에서 소수 대기업들에는 1~16%의 정책자금이 지원되었다. 외화수급도 쉽도록 해주었고 수출보조금도 지원했다. 선택되지 못한 기업들은 사채시장에서 연 20~30%의 고금리를 빌려 써야 했다. 외환혜택은 당연히 불가능했다.

〈그림 8-3〉 산업화 초기 산업정책: 1960~1970년대 경제발전 과정 [80]

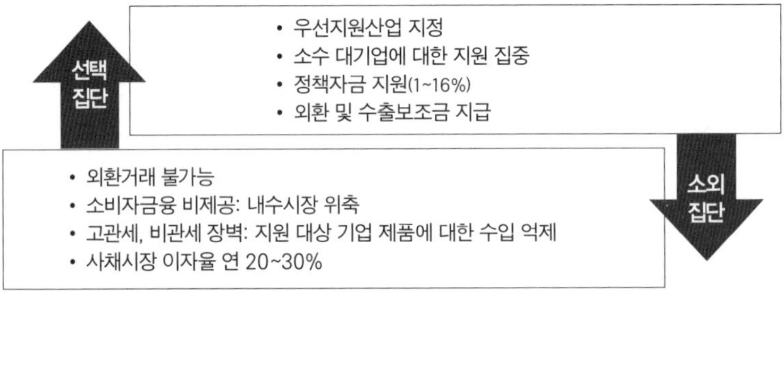

선택
집단

- 우선지원산업 지정
- 소수 대기업에 대한 지원 집중
- 정책자금 지원(1~16%)
- 외환 및 수출보조금 지급

- 외환거래 불가능
- 소비자금융 비제공: 내수시장 위축
- 고관세, 비관세 장벽: 지원 대상 기업 제품에 대한 수입 억제
- 사채시장 이자율 연 20~30%

소외
집단

대기업 중심의 산업 정책으로 재벌형 대기업이 탄생했다. 그런데 이들의 행동이 정부의 기대와는 달랐다. 이들은 핵심 부품이나 소재는 일본에서 사오면서 국내 중소기업과는 거래하지 않았다. 이들의 기술력을 믿지 못해서다. 내심 대기업을 먼저 밀어주면 이를 통해 중소기업들도 성장하리라고 기대했던 정부의 예상이 빗나갔다. 정부는 이 문제를 심각하게 받아들였다. 그래서 등장한 것이 1975년에 입법화된 「중소기업계열화촉진법」이다. 모기업, 즉 대기업이 수급기업(협력업체)을 강제로 두도록 한 법이다. 이 법이 강제되자 대기업들이 하청업체를 두기 시작했다. 그러면서 중소기업에 의한 부품과 소재의 국산화가 시작되었다. 기술력을 갖는 중소기업들이 늘어나자 대기업도 혜택을 보기 시작했다. 국산화를 통해 원가를 대폭 낮출 수 있었다. 이것이 한국에서 대기업을 정점으로 하는 수직계열화가 나타난 이유다. 그러면서 장기계약의 대가로 전속계약, 즉 다른 국내외 기업과는 거래를 금지하는 거래 관행이 정착되었다.

하지만 이 방식은 시간이 흐르면서 부작용이 나타났다. 대기업들이 글로벌 경쟁에 뛰어들면서 원가압박을 받기 시작하면서다. 과거에는 중소기업들의 국산화 노력만으로도 원가경쟁력을 확보할 수 있었다. 하지만 그 사이 글로벌 시장에서의 경쟁강도가 한층 세지면서 대기업들의 가격경쟁력이 약화되었다. 대기업들은 이 문제를 수직계열 내 협력업체들을 압박함으로 해결하려 했다. 이때부터 대기업과 중소기업 간의 갈등이 심해지기 시작했다. 그러면서 국민들의 대기업에 대한 인식이 나빠지기 시작하였다. 전근대적인 불공정 하도급, 어음을 이용한 금융부담 전가, 부당 납품단가 인하, 기술 탈취, 인력 빼가기, 중소기업을 헐값에 사들여 문어발식으로 기업 확장하기 등의 이미지가 대기업을 따라다녔다. 이런 반발이 거세지자 정부의 산업정책은 중소기업을 중시하는 방향으로 선회하기 시작했다.

대기업 중심 정책이 실행되던 1975년 이전에도 중소기업보호 및 육성정책이 없었던 것은 아니다. 1961년에 제정된 「중소기업사업조정법」이 시초다. 중소기업들 간의 과당경쟁을 줄이고 대기업들의 중소기업 사업 분야로의 진출을 조정하기 위한 법이다. 1966년에는 중소기업 육성의 핵심사상을 제공하는 「중소기업기본법」이 제정되었다. 1968년 상공부(현재의 산업통상자원부)에 중소기업국이 신설되었다. 이로써 중소기업을 보호한다는 의지를 정부가 표방했다. 그러면서 1975년 「중소기업계열화촉진법」이 등장하게 된다. 하지만 이때만 하여도 중소기업에 대한 정부의 생각은 그리 깊지 못하였다.

대기업과 중소기업 간의 하도급 등에 의한 문제가 커지자 정부는 더욱 강화된 중소기업 보호 및 육성정책을 추진했다. 크게 3단계로 나누어볼 수 있다.

1단계(1976~1995년): 「중소기업사업조정법」이 1차 개정되면서다. 기존 법이 대기업의 중소기업 사업 분야로의 진출을 조정하던 것에서 진입을 억제하는 방향으로 기조가 바뀌었다. 1980년에는 중소기업 근대화 계획이 추진되었고 1989년에는 「중소기업 경영안정 및 구조조정 촉진에 관한 특별조치법」이 제정되었다. 1980년대 후반 중국이 낮은 인건비를 무기로 수출경쟁에 뛰어들자 중소기업들이 무더기로 붕괴했다. 이들을 지원하기 위해 제정된 법이다. 1994년에는 중소기업 경영을 고도화하고 중소기업 제품의 판로확대를 위한 「중소기업 진흥 및 제품구매촉진에 관한 법률」이 제정되었다.

2단계(1996~2001년): 정부의 중소기업 육성의지가 정부조직 개편으로 나타난 시기다. 1996년에 설립된 중소기업청이 그것이다. 상공부 산하의 중소기업국이 독립되어 청으로 독립했다. 1997년에는 벤처기업의 중요성이 인식됨에 따라 「벤처기업 육성에 관한 특별조치법」이 제정되었다. 이후 벤처기업 붐이 크게 일었다. 다음 해는 유망 벤처기업들의 자금확보를 지원하기 위해 코스닥시장이 개설되었다. 2001년에는 「중소기업기술 혁신촉진법」이 제정되었다.

3단계(2002년 이후): 2000년대 벤처 거품 논란으로 중소기업 정책은 잠시 주춤하였으나 다시 대기업과 중소기업 간의 격차가 사회문제로 비화되면서 중소기업은 공고한 정부 및 사회적 지원을 받게 되었다. 이것의 신호가 '동반성장론'이다. 이후 정부의 산업정책은 중소기업 중심으로 급격히 선회했다. 이런 변화 속에서 2017년 한국은 중소기업이 정부의 중심 정책임을 천명했다. 이해 중소벤처기업부가 설립되었다. 차관급의 청이 장관급의 부로 승격하면서 정부는 중소기업의 산업정책의 핵심이 됨을 공표했다.

이런 변화 속에서 대기업에 대하여는 이들의 사회적 지배를 축소하기 위한 정책들이 일관되게 시행되었다. 〈그림 8-4〉가 이를 보여주고 있다.

〈그림 8-4〉 대기업 경제력집중억제정책[81]

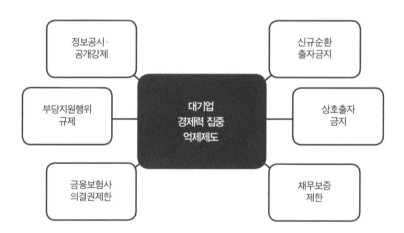

정보공시·공개강제

신규순환출자금지

부당지원행위규제

대기업 경제력 집중 억제제도

상호출자금지

금융보험사 의결권제한

채무보증제한

문제는 이 와중에서 중견기업의 위치가 사라졌다는 것이다. 2014년 이전까지 대다수 중견기업은 대기업으로 분류되어 있었다. 이전의 중소기업과 대기업 분류는 종사자 수를 기준으로 하였다. 제조업을 예로 들면 종사자 300인 이상은 대기업이고 그 미만은 중소기업으로 분류하고 있었다. 2014년이 되면서 「중견기업 특별법 및 시행령」이 발효되면서 중견기업이 새롭게 정의되었다. 중소기업과 대기업 사이의 허리에 해당하는 기업군이 등장한 것이다. 자연스럽게 300인 이상의 기업 중 상당수가 중견기업으로 편입되었다. 이런 변화가 있었음에도 아직도 많은 수의 법령과 국민인식은 과거 중소기업 대 대기업의 이분법적 사고에 머물러 있다.

좋은 예가 대·중소기업 상생협력 촉진을 다룬 「상생협력법(대·중소기업 상생협력 촉진에 관한 법률)」이다. 「상생협력법」 제1장 1조와 2조에서 기업을 분류하고 있는 법 조항을 살펴보자. 이에 따르면 중소기업은 「중소기업기본법」 제2조의 규정에 의한 중소기업을 말하고 그 이외의 기업은 모두 대기업으로 정의하고 있다.

제1조 (목적) 이 법은 대기업과 중소기업 간 상생의 협력관계를 공고히 하여 대기업과 중소기업의 경쟁력을 제고하고 대기업과 중소기업의 양극화 해소를 통한 동반성장을 달성함으로써 국민경제 지속성장의 기반을 마련함을 목적으로 한다.

제2조 (정의) 이 법에서 사용하는 용어의 정의는 다음과 같다. 〈개정 2007. 5. 17., 2008. 2. 29.〉

1. 중소기업이라 함은 「중소기업기본법」 제2조의 규정에 의한 중소기업을 말한다.
2. 대기업이라 함은 중소기업이 아닌 기업을 말한다.

이렇듯 한국에서 중견기업은 법에서도 국민인식에서도 제자리를 찾지 못하고 있다. 중견기업의 가치가 결코 낮지 않음에도 말이다. 국가경쟁력 강화를 위한 전략적 가치, 국가경제 생태계적 가치, 그리고 국가사회에의 기여 면에서 중소기업과 대기업보다 자기 몫을 다하는 기업이다. 그럼에도 많은 법들은 중견기업을 대기업으로 분류하면서 다양한 방식으로 중견기업의 성장을 막고 있다. 중소기업 적합 업종에의 중견기업 진입 금지, 중소기업 졸업 시 각종 지원감축 또는 중단 등이 아무렇지도 않게 중견기업에 적용되고 있다. 한국경제에서 가치를 인정받아야 할 중견기업이 한국사회에서 가장 홀대받는 이상한 일이 벌어지게 된 것이다. 필연적으로 한국은 중견기업이 취약한 나라가 되었다. 중소기업이라는 봉우리와 대기업이라는 봉우리는 잘 발달해 있지만 중견기업이라는 봉우리는 미약한 쌍봉낙타형 산업구조를 가진 나라가 되었다. 이것을 달리 표현한 말이 앞에서 살펴본 양극경제다.

9장

중견기업을 키우는 나라

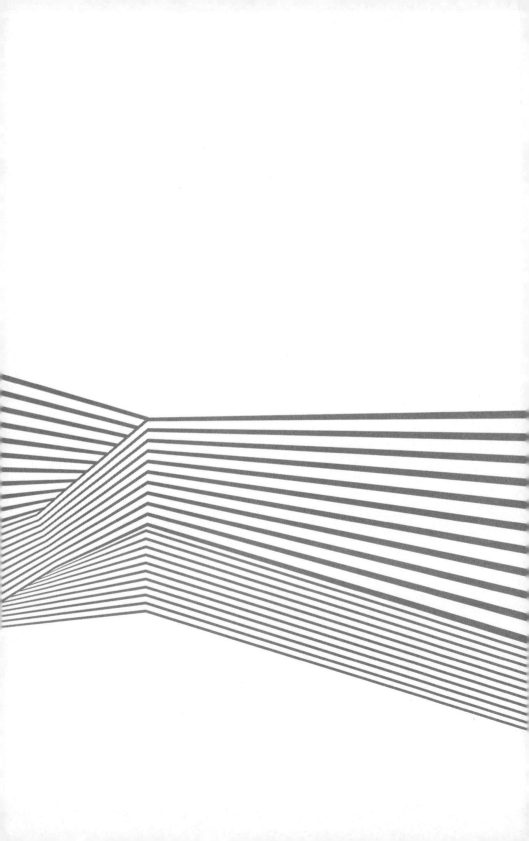

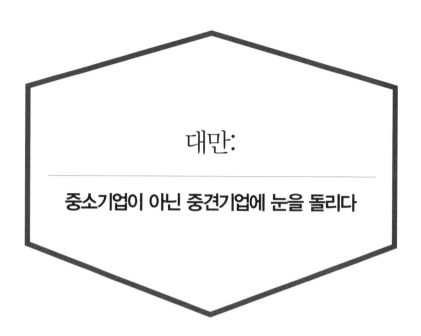

대만:

중소기업이 아닌 중견기업에 눈을 돌리다

　일반적으로 대만은 중소기업의 천국으로 알려졌다. 하지만 이는 실제와 상당히 다르다. 대만과 한국 중 어느 나라가 더 중소기업 중심일까? 이를 살펴보기 위해 〈표 9-1〉과 〈그림 9-1〉이 마련되었다. 〈그림 9-1〉은 〈표 9-1〉을 한국(한국=1)을 기준으로 재가공한 것이다. 이것을 보면 대만은 1~9인 이하의 기업비중에서만 한국과 유사할 뿐 10인 이상의 기업군에서는 한국보다 높은 비중을 보이고 있다. 특히 중견기업이 몰려 있을 것으로 보이는 300~999인 기업군을 보면 대만이 한국보다 훨씬 높다. 한국의 1.5배다. 그리고 1,000인 이상의 기업 규모에서는 한국보다 2.5배 많다. 대만에 대해 알려진 것과는 매우 다른 결과다.

구분	1~9인	10~99인	100~299인	300~999인	1,000인 이상
대 만	90.88	8.55	0.40	0.12	0.05
한국	92.19	7.35	0.36	0.08	0.02

〈그림 9-1〉 한국과 대만의 기업 규모별 비중 (한국=1)

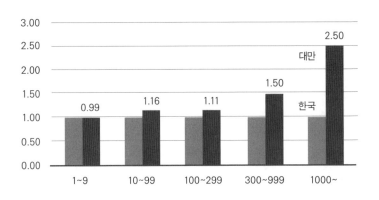

대만이 중소기업 중심으로 성장했다는 착각은 대만에서 글로벌 수준의 대기업 수가 한국보다 적었기 때문으로 보인다. 또한 초기 성장단계에서 한국처럼 대기업 중심의 산업화 정책을 따르지 않았던 것도 이런 오해를 불러일으킨 것으로 보인다. 하지만 대만은 중소기업을 체계적으로 육성한 나라가 아니다. 중소기업에 대해서는 오히려 가혹할 정도로 방임적이었다. 1950년대 말에 시작된 기업 민영화 과정에서 철강, 석유화학 등 기간산업을 중심으로 대기업이 육성되

었지만 중소기업에 대하여는 치열한 경쟁을 유도하는 정책으로 일관했다.[83] 대만정부는 중소기업들의 자생력 확보를 위한 정책에 초점을 두었지[84] 의도적 육성은 없었다. 이것이 대만에서 영세기업(1~9인)보다 규모가 큰 중소기업들이 만들어진 이유고 오히려 중소기업이 강해진 이유이다.

최근 대만은 중견기업 육성에 온 힘을 쏟고 있다. 중소기업과 대기업에 대해 특별한 산업정책을 사용하지 않던 대만이 중견기업에 대해서는 육성의지를 보였다. 2012년 10월 2일 '중견기업도약추진계획'을 발표한 것이 그것이다.[85] 다음과 같은 이유가 있었다.

- 중국의 경제성장에 자극받은 많은 대만 출신의 유능한 기업가들이 중국으로 진출하면서 대만 성장의 걸림돌이 되자 이에 대처할 필요가 생겼다.
- 2008년 글로벌 금융위기 이후 대만 경제 역시 심각한 타격을 입으면서 이를 탈출하기 위한 방안이 필요했다.
- 경제력에서 한국에 항상 앞서왔다는 자존심을 회복하려는 움직임이 있었다.

정책의 핵심은 경쟁력 있는 글로벌 중견기업들을 벤치마킹하여 대만에서도 유사한 기업이 나타날 수 있도록 하는 것이다. 독일의 히든 챔피언을 가장 많이 벤치마킹했다. 독일이 2008년의 글로벌 금융위기에서도 흔들리지 않은 이유가 히든 챔피언 때문이라고 생각해서다.

대만 경제부 중소기업처는 중견기업을 '해당 분야에서 독창적이고 핵심적인 기술 보유와 고도의 글로벌 경쟁력을 갖추고 있으며 국내에 본사 혹은 생산거점을 가지고 있는 일정 규모 이상의 기업'으로 정의하고 있다.[86] 대만 정부의 중견기업에 대한 육성 인식은 2008년을 기점으로 한다. 대만은 이 해 대만행정원 경제건설위원회 주도로 중견기업 신용대출 지원정책을 실시한 바 있다. 약 400억 대만 달러(약 13억 달러) 규모의 대출정책이 실시되었다. 본격적인 중견기업 육성은 2012년부터다. 대만정부는 2012년 10월 2일 '중견기업도약추진계획推動中堅企業躍升計劃'을 발표하고 3개년 계획을 수립했다. 1년 기준 50개 내외의 유망 기업을 집중 지원해 국제적 경쟁력을 갖춘 중견기업을 육성하여 1만 개의 질 좋은 일자리를 창출하는 것이 목표다. 이를 위해 1,000억 대만 달러 투자계획을 세웠다. 육성대상이 되는 기업의 기준은 다음과 같다.

- 대상: 대만에 합법적으로 등록된 연매출액 200억 대만 달러(약 6.8억 달러) 이하 혹은 종사자 수 2,000인 이하인 기업
- 경영전략: 특정 영역과 시장을 목표로 글로벌 선도기업을 목표

로 하는 기업.

- 기술: 독창적이고 핵심적인 기술 역량을 가진 기업
- 연구개발: 지속적인 연구개발과 혁신 노력을 하는 기업
- 브랜드: 글로벌 시장 개척을 위해 자사 브랜드를 보유하고 있는 기업
- 공급채널: 국내에 경영(혹은 생산) 거점을 운영하되, 해외시장에 공급채널을 확보하고 있는 기업

여기에 더해 대만 경제부는 2013년 '중견기업봉사단中堅企業奉仕團'을 세워 유망 중견기업 육성을 위한 총 42개 항목의 우대정책을 시행했다. 인재 관련 10개, 기술 관련 5개, 지적 재산권 관련 3개, 브랜드 및 판매 관련 12개, 그리고 기타정책 12개 등이다. 〈표 9-2〉가 이에 대한 내용이다.

〈표 9-2〉 대만 중견기업도약 추진계획 주요 내용[87]

분야	번호	구체적 내용
인재	1	발전모델 과학기술대학 계획
	2	산업연구소 홍보 계획
	3	실무과정개발 및 대학실무 습득 계획
	4	청년취업 계획
	5	기업인적자원승진 및 산업추진형 훈련 계획

인재	6	산업 전문인재 양성 계획
	7	정밀기계발전 추진 플랫폼 및 인재정착 계획
	8	대체 서비스 운용
	9	국내기업 해외 기술 인재모집 계획
	10	기업인재 채용 계획
기술	11	산업혁신 및 창조 플랫폼 지도 계획
	12	전통산업 기술개발계획 협조CITD
	13	우수(A+) 기업 창조연구 훈련 프로젝트
	14	연구개발 제고 계획 협조
	15	산업 창조연구개발 대출 협조 계획
지적 재산권	16	지적재산가치 부상 계획
	17	기업 지적재산 및 경영관리 계획 강화
	18	특허검색 부가가치 서비스 계획
브랜드 및 판매	19	대만 브랜드 개발 계획 제2단계
	20	대만 산업 이미지 선포계획
	21	중견 기업 해외전시회 참가 협조
	22	국제보도 전문 미디어 초청
	23	구매자 소개 서비스
	24	해외무역 중심지 제공
	25	해외 인재 공급 및 연수 프로그램 제공
	26	정보 서비스 보급 및 판매
	27	전문 인터넷 서비스 제공
	28	서비스업 국제판매 협조
	29	보조금 산업 국제시장 개발 계획
	30	자유상품보급 및 해외시장 대출금

기타	31	지속가능한 산업개발 및 국제환경 보호 표준 지도계획
	32	산업 녹색성장 추진 계획
	33	제조업 탄소절감 지원 계획
	34	산업 근무환경 개선 계획
	35	제조업 생산품이 환경에 미치는 영향 및 지속 가능한 자원 추진 계획
	36	제조업 가치 및 정보응용 계획
	37	유통 중견기업 국제화 추진 계획
	38	대만 음식 국제화 및 기술 서비스 계획
	39	중견기업 대출 금액 상향 조정 추진 계획
	40	전자상거래 클라우드 창조응용 및 기초 환경 수립 계획
	41	제조업 생산력 4.0 지원
	42	비즈니스 서비스 가치 향상 계획

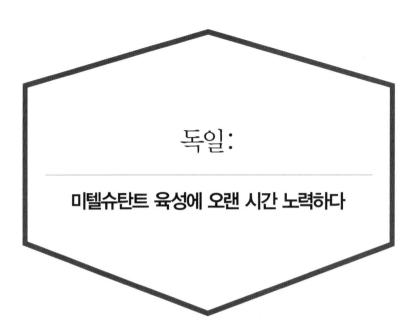

독일:

미텔슈탄트 육성에 오랜 시간 노력하다

세계가 독일을 집중적으로 주목하게 된 이유가 있다. 2008년 미국에서 촉발된 글로벌 금융위기로 세계경제는 망가졌다. 그런데 놀랍게도 독일의 회복력은 엄청났다. 이 비결이 무엇이었을까? 독일이 자랑하는 미텔슈탄트 덕분이라는 것이 중론이다. 독일에서의 미텔슈탄트에 대한 개념은 1957년 미텔슈탄트연구소에 의해 정립되었다. 하지만 이때부터 미텔슈탄트를 육성한 것은 아니다. 미텔슈탄트들의 자생적 성장이 이루어지다 2000년 들어서면서 정교한 미텔슈탄트 발전 프로그램이 마련되었다. 독일은 1990년대 유럽의 병자로 전락한 적이 있었다. 이것을 치유함에 미텔슈탄트가 중요함을 인식하면서다. 실제로 메르켈 총리가 등장한 이후 2005년부터 특히 동독의 미텔슈

탄트 육성에 1,560억 유로(203조 5,000억 원)를 투입하는 등 사력을 다했다.[88]

2006년에는 미텔슈탄트를 한 차원 높게 지원하기 위해 미텔슈탄트 이니셔티브를 발족시켰다. 이런 일련의 노력을 계승한 것이 2016년에 작성된 「디지털 아젠다Digitalen Agenda 2014~2017」로 핵심에 '미텔슈탄트 4.0' 전략이 있다.[89] 구체적인 내용은 「디지털 전략 2025 추진: 미텔슈탄트 육성 중심」에 담겨 있다. 이 전략을 통해 미텔슈탄트 기업들을 디지털화, 즉 4차 산업혁명화하는 것이 목적이다. 다음과 같은 분야를 집중 지원한다.

- 새로운 방식의 생산 및 서비스 구축
- 새로운 비즈니스 모델로 수익창출 증대 및 성장 추진
- 신규고객 확보 및 소비자와의 연계 강화
- 비용절감 및 효율성 증대
- 더욱 유연하고 빠르며 개별화된 생산 시스템 구축
- 우수직원 확보, 종사자 역량 향상, 고용 확대
- 자원 및 정보에 대한 지식역량 구축 및 강화
- 생산과정의 디지털화 및 안전(정보보호 등) 확보

미텔슈탄트 4.0 전략은 구체적으로 어떻게 실현되고 있을까? 독일

정부는 독일 전역에 촘촘하게 설립된 지식센터를 통해 이 정책을 실현하고 있다. 〈표 9-3〉이 이를 보여준다. 〈표 9-3〉의 내용을 종합하면 지식센터는 대체로 다음의 일을 담당한다.[91]

- 기업별 특화된 정보기술 제공과 이에 기초한 시스템 전환 및 정보보호 관련 지원과 이를 촉진할 인센티브 제공
- 미텔슈탄트 기업에 적합한 디지털 솔루션 개발 지원
- 미텔슈탄트 기업들이 다른 분야의 정부 관계자(경제, 과학, 행정분야)들로부터 지원받을 수 있도록 교류 촉진. 이를 통해 새로운 가치 창출 및 시너지 극대화를 위한 디지털 혁신 솔루션 개발 지원
- 지역의 타 지원 네트워크 단체(미텔슈탄트 정부관계자, 연구기관, 클럽, 협회 및 지방정부의 지원기관) 설립 유도
- 지원 대상 기업 5개 이상이 고성과를 낼 수 있도록 유도

독일은 미텔슈탄트의 중요성을 깨달은 이후 일회성이 아닌 지속적인 정책으로 육성하고 있다. 이런 노력이 독일을 미텔슈탄트의 국가로 변모시켰고 글로벌 경제 환경이 아무리 나빠져도 이들 기업을 바탕으로 재도약하는 모습을 보여주었다.

〈표 9-3〉 미텔슈탄트 4.0 지원을 위한 지식센터의 주요 위치 및 서비스[90]

지식센터	지식센터
아우스부르크	자동화, 소프트웨어, 어시스트 시스템, 노동 4.0, 운송, 디지털 사업 모델을 지원함
베를린	부가가치 과정 4.0, 디지털 마케팅, 사업 모델과 인력 관리를 지원함
브레멘	해운·운송, 풍력 에너지, 우주공학, 자동차산업, 식품 및 기호품 분야에서의 혁신 클러스터 전문인과 경인 등 '디지털 대표자' 양성을 지원함
켐니츠	IT 법과 데이터 보호에 대한 '인더스트리 4.0' 서비스 포트폴리오 구축을 지원함
코트부스	학습 컨설팅, 신기술 및 경제 시스템과 관련된 기업 경진과 사회적 파트너 연결을 지원함
다름슈타트	효과적 부가가치 프로세스 지향, 노동 4.0, IT 보호, 새로운 비즈니스 모델과 에너지 관리 기업을 지원함
도르트문트	생산 시스템의 인공지능AI 자동화를 지원함
함부르크	공급사슬 같은 물류 분야에 초점을 맞춰 새로운 비즈니스 모델과 기술 변화에 대한 기업 대응을 지원함
하노버	생산과 운송 프로세스의 디지털화, 노동 4.0을 지원함
일메나우	3D 프린팅 및 실시간 데이터 수집 및 처리, 가치기술 및 네트워크의 자동 프로 세스, 품질 관리를 지원함
카이저슬라우테른	모듈화된 인더스트리 4.0 장치를 기업에 제공함으로써 현실성 있는 생산 테스트 환경 구축을 지원함
링엔	디지털 시대의 무역 기업 지원 및 농업과 무역의 새로운 비즈니스 모델 구축을 지원함
마그데부르크	디지털 비즈니스 모델과 네트워크 구축 및 이와 연계된 표준화와 정보 보호 및 사용자 편의를 지원함
로스토크	관광, 건강 및 의료기술 등 분야의 디지털화와 네트워크 구축을 위한 혁신 방안 개발을 지원함
지르뷔르켄	생산 네트워크, 디지털 비즈니스 모델, 인간과 기계의 상호작용 같은 전문 IT 지식 교육을 지원함
지겐	'디지털화에 부합하는 능력 있는 인력' 모토 아래 중소기업 디지털 인력 개발을 지원함
슈트트가르트	스마트 모빌리티, 스마트 프로덕션, 스마트 빌딩, 스마트 헬스 분야 디지털 방안을 지원함

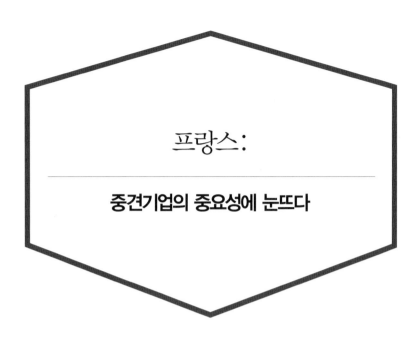

프랑스 :

중견기업의 중요성에 눈뜨다

프랑스는 경쟁국인 독일에 비해 경제가 뒤처지고 있음에 많은 고민을 했다. 독일을 유심히 관찰하던 프랑스는 그 이유가 중견기업에 있음을 알게 되었다. 이후 프랑스는 중견기업 육성에 힘을 기울이기 시작했다.[92] 본격적인 시작은 2008년 '경제현대화법' 제정이었다. 이를 통해 중견기업Entreprise de Taille Intermediaire에 대한 기준을 확립하였고 이들 기업에 대한 노무관리, 세제, 자금 등을 지원했다. 법인세 및 영업세를 66% 감축하는 파격적 조치를 했고 연구개발 투자에 대해 법인세를 감면해주었다. 그리고 중소기업 기술 혁신투자기관Oseo을 통해 총 보증지원금의 약 30%를 중견기업에 배정하는 조치도 했다.

2012년 중견기업에 대한 지원이 훨씬 강화되었다. 이 해 '공공투자은행법Banque Publique d' Investissement'이 제정되면서 중견기업 지원정책이 재정비되었다. 이 법 이후 기존의 기술 혁신투자기관이었던 보증기금회사CDC Entreprises, 투자전략기금le FSI, 그리고 지방투자전략기금FSI Regions이 합병되어 공공투자은행그룹으로 발족되었다(2013년). 이곳의 역할은 중견기업(중소기업 포함)을 다음과 같은 방식으로 지원하는 것이다.

- 참여개발협정: 3년 이내 설립된 종사자 5,000명 이내의 중견기업에 향후 연 5%의 총매출 증가를 조건으로 최대 300만 유로까지 지원
- 수출보조금 지원 간소화: 기존 중견기업 수출보조금 정책을 개선하여 기업보조금 지원방식을 간소화하였고, 기존의 재정 보조금 지원을 폐지하고 개발-수출 융자금 지원으로 일원화
- 연구개발 사업 관련 세금에 대한 사전융자금 지원: 중견기업이 참여한 연구개발 과제 기간 중 필요한 세금에 대한 자금을 연구개발 세금의 80%까지 융자
- 자본투자: 중견기업의 기술 및 사업 개발과 관련하여 공공투자은행이 최소 3만 유로에서 최대 5만 유로까지 자본투자 지원

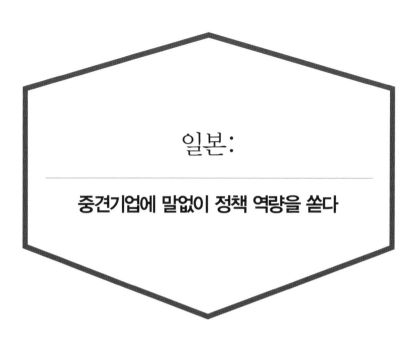

일본:

중견기업에 말없이 정책 역량을 쏟다

　일본은 중견기업을 별도의 법으로 정의하고 있지는 않다. 하지만 일본 역시 한국과 동일하게 중견기업이라는 단어를 쓰고 있다. 일본 중소기업백서에 의하면 중견기업은 직원 수 1,000명 미만, 연매출액 1,000억 엔(약 1조 원) 미만 기업을 의미한다. 대체로 중소기업보다는 큰 중규모 기업을 지칭하고 있다. 일본의 특징은 소리 없이 중견기업을 중소기업과 동일선상에서 지원하고 있다는 점이다. 대략 15개의 지원정책이 가동되고 있다.[93]

- 중견기업의 연구개발 촉진 사업: 중견기업이 다양한 연구기관으로부터 핵심기술을 이전받아 사업화하도록 유도하거나 이들의

능력을 활용하여 자체 보유기술을 신속하게 실용화하게 함으로 중견기업의 기술력을 향상시키고 생산혁신을 유도하는 사업

- 파트너십 제도: 다양한 파트너 기관(컨설팅 등)이 중견기업을 위해 연수, 세미나, 강연 주선 등을 하도록 하여 관련 정보를 제공하는 사업

- 글로벌 틈새 톱 지원 대출 사업: 글로벌 틈새시장에서 최고 수준에 오른 중견기업에 대해 상공조합중앙금고가 장기·일괄상환·성공지불과 관련한 융자를 지원하는 사업

- 기술협력 신흥시장 개척 사업: 해외산업인재육성협회를 중심으로 개발도상국(OECD 원조국)의 기술자나 관리자를 일본에 초청하여 교육시키거나 각종 연수에 필요한 지원을 제공(일본연수기회 제공)해주며 일본 강사를 해외에 파견하여 현지에서 집단연수 기회를 제공하는 사업(해외지원연수). 또는 일본기업과 출자 혹은 거래 관계에 있는 개발도상국의 기업에 대해 일본의 기술자나 전문가를 해외에 파견하여 지원하는 사업(전문가 파견)

- 신규 해외시장 개척을 위한 컨소시엄형 지원 사업: JETRO 중소기구나 NEDO 금융기관(전국 지점) 등이 참여하는 컨소시엄 기구를 통해 해외 진출을 모색하는 중견기업에게 시장개척을 위한 전문가 파견이나 기술개발을 지원하는 사업

- 실리콘밸리와 일본의 가교 프로젝트: 높은 기술력을 가진 중견기업

들이 글로벌 진출을 쉽게 할 수 있게 하려고 미국 실리콘밸리 등에 인력을 파견하여 현지 관계자들과 네트워크를 쌓을 기회를 제공하는 사업

- 글로벌 제휴 지원 사업: 일본 무역 진흥기구를 창구로 상공조합 중앙금고, 중소기업 투자육성 주식회사를 비롯한 관계 기관이 협력하여 중견기업의 해외 진출을 지원하는 사업
- 지역 핵심기업 지원 대출 제도: 지역 경제에 일정한 영향력을 가진 중견기업이 새로운 분야로의 진출이나 전략적 경영개선 노력을 할 경우, 상공조합중앙금고가 금융지원을 제공하는 사업
- 건설업 해외 진출 지원: 중견건설기업이 해외건설 시장으로 진출할 수 있도록 정부 차원에서 진출 가능성 진단서비스를 제공하고 필요한 세미나 등을 개최하는 사업
- 일본의 지적 재산을 이용하는 비즈니스 촉진 프로그램: 지식재산을 활용하여 외국으로의 비즈니스 진출을 촉진하기 위해 세미나, 비즈니스 연수, 개별 멘토링, 비즈니스 매칭 프로그램, 다국어 정보 공개 프로그램 등을 운영하는 사업
- 지식재산에 관한 원스톱 서비스: 중견기업의 지식 재산권과 관련한 문제해결, 지식재산권 출원절차 및 지식재산권 활용을 위한 서비스를 원스톱으로 제공하는 사업
- 지역 건설산업 활성화 지원 사업: 중견건설기업 및 건설 관련 기

업(측량업, 건설 컨설턴트 및 지질 조사 사업)을 대상으로 기업진단이
나 기술적 문제를 해결해주는 서비스를 제공하는 사업

- 에너지 사용 합리화 설비 도입 촉진 사업: 지역 중견기업의 에너
  지 절약 촉진 시설도입을 지원하기 위한 지역금융 기관 연계 지
  원 사업
- 에너지 절약 대책 도입 촉진 사업: 중견기업에게 다양한 에너지
  절약 기술을 확산시키기 위해 각종 진단 및 에너지 절약 방안을
  상담하고 지원하는 사업
- 액션21 사업: 중견기업을 포함한 기업들이 환경 개선 목표(이산
  화탄소 배출량, 폐기물 배출량, 물 사용량)를 달성할 수 있도록 지원하
  고 인증하는 사업

이상의 사업들은 중견기업에게만 제공되는 것은 아니다. 중소기업
도 이 사업에 참여할 수 있다. 즉 중소기업과 중견기업에게 모두 열
려 있는 사업이다. 이런 방식으로 일본은 중견기업을 소리 없이 지원
하고 있다.

4부

중견기업을 통한
국가경쟁력
리노베이션 방향

10장

쌍봉낙타형 경제구조에서 탈피하기

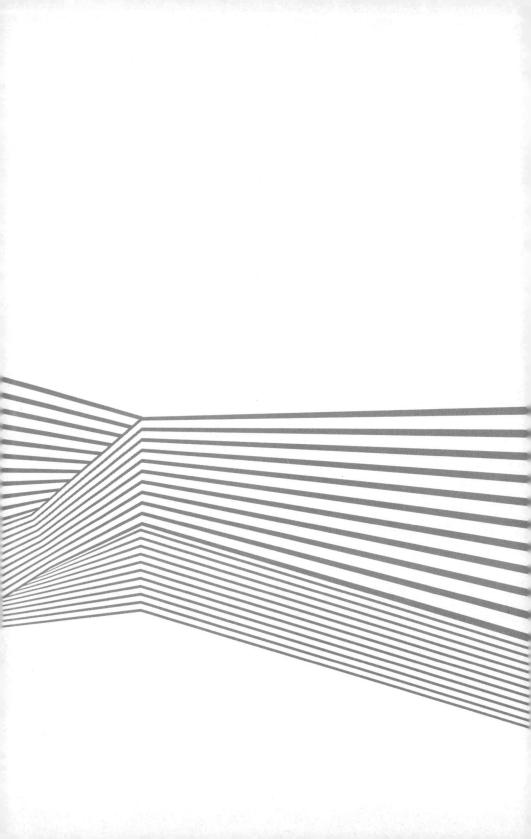

중견기업에 대한 인식 전환하기

중견기업은 국가경쟁력 강화에 필수적이고, 경제 생태계의 건강성을 높여주고 또한 국가사회에 다양한 측면에서 기여하고 있음에도 한국에서의 중견기업에 대한 인식은 매우 취약하다. 대만, 독일, 프랑스, 일본 등의 국가는 중견기업의 중요성을 인식하고 육성하려고 온 힘을 다하는 것과 대조적이다. 중견기업을 국가와 산업 생태계의 핵심종이 아닌 주변종으로 인식해서다. 핵심종이란 생태계에서 〈그림 10-1〉과 같은 아치형 구조의 한가운데에 해당하는 핵심석에 비유되는 종을 말한다. 여기에 문제가 생기면 아치형 구조가 무너진다.

중견기업이 핵심종이 되는 이유는 세 가지가 있다.

- 경제 중간자로서의 역할: 중견기업은 대기업과 이에 협력하는 중소기업을 연결하는 중간자다. 대기업들은 대체로 1차 협력사를 중견기업으로 두는 경향이 있다. 이들 중견기업들은 다시 중소기업들을 협력업체로 두게 된다. 이로 인한 부작용이 없는 것은 아니지만 연결자로서의 순기능도 만만치 않다.

- 독자적 중규모 수직계열 구축 역할: 중견기업 중에는 독자적 사업영역을 중심으로 자신들만의 자생적 수직계열화를 만들기도 한다. 이런 중규모 수직계열화는 초대형 수직계열화의 문제를 보완해줄 수 있다. 초대형의 경우 최상위 대기업이 무너지면 수직계열 속의 모든 기업이 무너진다. 이 경우 국가도 무너질 수 있다. 하지만 중규모 수직계열은 최상위 중견기업이 무너져도 국가가 흔들릴 정도는 아니다. 다른 중견기업을 정점으로 하는 수직계열들이 존재하기 때문이다. 중규모 수직계열 수가 많아지면 그 경제적 효과는 초대형 수직계열 못지않다. 그러면서 초대형 수직계열붕괴 시 나타날 수 있는 도미노 붕괴 현상을 최소화할 수 있다.

- 글로벌 사업 확장자로서의 역할: 중견기업들 중에는 글로벌 수준에서 독자적 사업영역을 개척한 기업들이 있다. 독일이 자랑하는 히든 챔피언과 같은 기업들이다. 이런 기업들이 증가할수록 대외의존도가 높은 한국경제의 버팀목이 돼줄 가능성이 높다.

중견기업은 이렇듯 다양한 측면에서 국가사회와 경제 생태계에 큰 역할을 하는 핵심종이다. 따라서 그 수가 많을수록 국가에 유리하다. 중견기업의 수를 어떻게 늘릴 수 있는가? 다음의 조치가 필요하다.

- 피터팬 증후군을 조장하는 장애 제거하기
- 중소기업-대기업의 이분법적 법 개정
- 중소기업→중견기업으로의 성장 속도 촉진하기

〈그림 10-1〉 핵심석의 개념

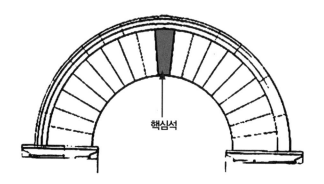

피터팬 증후군을 조장하는
장애 제거하기

피터팬 증후군을 없애는 것이 시급한 과제다. 중소기업이 중견기업으로 성장하는 것을 두려워하고 포기한다면 중견기업은 영원히 현재 상황을 벗어나기 어렵다. 불행히도 한국은 중견기업으로 성장한 기업들조차 중소기업으로 회귀하기를 희망하는 곳들이 나타나는 실정이다. 〈그림 10-2〉가 그 이유를 보여준다. 중소기업에서 중견기업으로의 성장을 회피하는 이유와 유사하다.

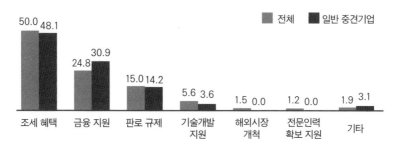

〈그림 10-2〉 중소기업으로의 회귀검토 요인(%)[94]

주) 샘플 수 - 전체 2,979개(일반 중견기업 2,379개, 관계기업 600개)

　　이유는 중소기업 시절 받았던 정부지원이 사라지고 오히려 견디기 어려운 규제가 따라오기 때문이다. 중소기업이 중견기업이 되었다고 갑작스럽게 매출이 늘고 영업이익이 증가하는 것은 아니다. 그럼에도 중견기업이 되는 순간 혜택이 줄어들고 규제가 늘어나면 그만큼 벌을 받았다고 생각한다. 이것을 해결해주지 못하면 중견기업의 수를 빠르게 늘리기 어렵다. 다음의 조치들이 필요하다.

- 차별 폐지: 중견기업에 대하여 조세특례제한법이나 소득세법에서 중소기업과의 차별을 두는 것을 폐지해야 한다. 전면적 차별 폐지가 어렵다면 한시적으로 차별을 두지 않는 것도 방법이다. 다만 이 기간을 3년과 같이 짧게 설정하는 것이 아니라 길게 설정해야 한다. 중소벤처기업 등이 중견기업으로 진입한 이후 적어

도 10년에 이르는 동안 차별받지 않도록 해주어야 한다. 중견기업이 되는 것이 벌이 아닌 것으로 받아들이게 하려면 중소기업들이 중견기업으로 적응할 수 있는 충분한 시간적 여유를 주어야 하기 때문이다.

■ 연구개발 관련 차별 폐지: 조세특례제한법이나 소득세법 중 연구개발 관련 제약은 완전히 폐지해야 한다. 중견기업의 최대 약점은 혁신성 부족이다. 그렇지 않아도 연구개발 투자가 잘 이루어지지 않는 상황에서 연구개발 투자에 대한 벌까지 주는 것은 중견기업의 혁신성을 말살하는 것이 된다.

규모에 따른 연구개발 지원 차별폐지는 국제조세협회IFA, International Fiscal Association나 유럽연합 집행위원회EC, European Commission도 권장하는 것이다. 국제조세협회는 연구개발 조세지원제도의 바람직한 원칙을 중립성에서 찾고 있다. 연구개발 활동을 수행하는 모든 주체에 대해 연구개발 지원에 대한 차별을 두어서는 안 된다는 것이다. 기업 규모에 따라 연구개발 조세지원에 차별을 두는 것은 궁극적으로 국가의 연구개발 역량을 떨어뜨리는 행동이라는 것이다.[95] 이러한 주장은 유럽연합 집행위원회에서도 발견된다. 이곳 역시 연구개발 조세지원을 중소기업에만 우대 적용하는 것은 좋은 정책이 아니라고 주장한다. 기업 규모와 상관없이 연구개발에 대하여는 모든 기업에게 조세우대감면을 적용해야 한다고 지적하고 있다.[96] 경제활동 주체별로 연구개발 활동에 차별을 둘 경우 오히려 경제활동의 다양성과 혁신성을 떨어뜨리기 때문이다.

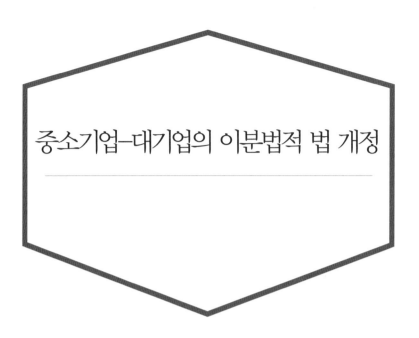

중소기업–대기업의 이분법적 법 개정

중견기업을 대기업으로 보는 많은 법들을 개정하는 것이 중요하다. 〈표 10-1〉이 이를 보여준다. 이런 법들에서 중견기업의 위치를 찾아줄 때 중견기업에게도 희망이 있다.

〈표 8-6〉 한국의 각종 법에서 사용되는 기업분류: 예시[97]

법령	대기업 정의	조문 내용
건설산업기본법	없음	– 대기업인 건설업자가 도급받을 수 있는 건설공사의 공사금액의 하한을 규정(제47조) – 국토교통부 장관은 대기업인 건설업자와 중소기업 간의 상생협력을 위한 하도급, 공동도급 등에 관한 지도 가능(제48조)
공간정보산업 진흥법		– 공간정보 관련 공사·제도 등 입찰 낙찰자가 아닌 자 중 제안서 평가 우수자에 대해 작성비 일부 보상 가능. 다만, 대기업과 중소공간정보 사업자가 협력·입찰 시 보상 제외(제22조)

법령	대기업 정의	조문 내용
독점규제 및 공정거래에 관한 법률 시행령	없음	- 부당한 공동행위의 금지 예외로 중소기업 경쟁력 향상을 위한 공동행위의 요건으로 대기업과의 효율적인 경쟁이나 대기업에 대항하기 어려운 경우 인정(제28조 제3호)
병역법 시행령		- 대기업 지정업체에 대해서는 전문연구요원의 배정을 제한할 수 있음(제77조 제3항)
산업기술 혁신 촉진법 시행령		- 대·중소기업 간 공동기술 혁신의 촉진을 위한 시책 추진(제35조) - 전문 생산기술연구소의 설립자 대상에 대기업 또는 민간단체 포함(시행령 제53조)
산업집적 활성화 및 공장설립에 관한 법률 시행령		- 산업집적 형성체계: 생산기능을 담당하는 대기업 및 중소기업으로 구성된 산업생산체계(제4조의 3)
상공회의소법		- 상공회의소 사업 : 대기업 및 중소기업 간 협조와 조정(제3조)
저탄소 녹색 성장기본법		- 정부는 중소기업의 녹색기술 및 녹색경영을 촉진하기 위한 시책으로 대기업과 중소기업의 공동사업에 대한 우선 지원을 수립 시행할 수 있음(제33조)
지식재산 기본법		- 대기업과 중소기업 간의 불공정한 지식재산의 거래를 방지(제28조)
정보통신 진흥 및 융합 활성화 등에 관한 특별법		- 국가는 정보통신 관련 대기업과 중소기업 및 벤처 간의 상생협력과 조화로운 발전을 위해 노력(제3조) - 위의 발전을 저해하는 법·제도 개선(제10조)
중소기업기술 보호 지원에 관한 법률		- 중기청장은 중소기업기술의 보호를 위하여 대기업·중소기업의 임직원을 대상으로 기술유출방지 및 보호에 관한 홍보 교육을 실시(제17조) - 대기업과 중소기업 간 기술보호 상생협력 지원(제21조)
중소기업 인력지원특별법·시행령		- 정부는 중소기업과 대기업이 함께 추진하는 협력사업을 지원 - 인력양성을 위한 시설·인력 및 교육프로그램의 공동활용사업(제8조) 및 제30조(중소기업 근로자의 장기 재직 지원) - 중소기업과 대기업간 연계지원(시행령 제9조)

법 령	대기업 정의	조 문 내 용
방위사업법· 시행령· 시행규칙	중소기업법상 중소기업이 아닌 기업 (상생법의 대기업 인용)	– 대기업이 중소기업자를 인수합병하거나 방산업체 간에 중복투자가 발생하는 경우 산업부 장관과 협의, 사업조정 또는 당사자 간 합의를 권고(제36조 제1항) – 사업조정을 위한 사실조사 시 10일 전까지 해당 대기업자 등에 통지(시행령 제48조) 및 제49조(이행공고의 공표방법 등) – 사업조정 합의서 및 신청서 등(시행규칙 제32조의 2)
수산업법 시행령		– 어업면허 제외 대상: 대기업(제11조 제1호) – 공정거래법 제2조 2호에 따른 기업집단 중 자산총액 5조 원 이상인 기업집단과 계열회사(제11조 제2호)
이동통신단말 장치 유통구조 개선에 관한 법률		– 대규모 유통업자란 「대규모유통업에서의 거래 공정화에 관한 법률」 제2조 제1호에 따른 대규모유통업자, 「대·중소기업 상생협력 촉진에 관한 법률」 제2조 제2호에 따른 대기업 또는 대기업 계열사(「독점규제 및 공정거래에 관한 법률」 제2조제3호에 따른 계열회사를 말한다)
중소기업제품 구매촉진 및 판로지원에 관한 법률· 시행령		– 대규모 자재구매대행업이란 대기업 또는 대기업 계열사(공정거래법 제2조 제3호에 따른 계열회사를 말함)가 기업 등의 소모성 자재의 구입 및 관리를 대행하는 사업을 말한다(제2조 제5호) – 중소기업자 간 경쟁입찰 참여 제한 등(제8조의 2) – 법 8조의 2제 1항 제2호에서 대통령령으로 정하는 지배 또는 종속의 관계란 다음 어느 하나에 해당하는 관계를 말함(시행령제9의 3) (다음 각목의 어느 하나에 해당하는 대기업과 중소기업의 관계)
대·중소기업 상생협력촉진에 관한 법률·시행령· 시행규칙	중소기업법상 중소기업이 아닌 기업	– 대기업이란 중소기업이 아닌 기업을 말함(제2조 제2호) – 상생협력이란 대기업과 중소기업 간, 중소기업 상호 간 또는 위탁기업과 수탁기업 간에 기술, 인력, 자금, 구매, 판로 등의 부문에서 하는 공동 활동(제3호)
발명진흥법 시행령		– 상담센터의 지원대상자: 중기업으로서 대기업과 재산권 분쟁 중에 있는 기업(제9조의 5 제2호)
산업입지 및 개발에 관한 법률 시행령		– 이전기업 전용단지의 지정은 대기업이 협력기업과 함께 이전 시 대기업 입주면적은 단지용지 면적의 100분의 50 이상이어야 지정 가능
소프트웨어 산업 진흥법· 시행령		– 대기업인 소프트웨어 사업자가 참여할 수 있는 사업 금액의 하한을 정하여 고시함(제24조의 2 제2항) – 대기업인 소프트웨어 사업자는 법 제24조 제1항에 따라 신고된 사업자로서 중소기업에 해당하지 않는 자(시행령 제17조의 4) 및 제17조의 5(자료협조)

법령	대기업 정의	조문 내용
숙련기술 장려법 시행령	중소기업법상 중소기업이 아닌 기업	– 우수 숙련기술자를 선정하는 경우 중소기업 종사자 와 그 외의 대기업 종사자로 구분(제9조) – 모범사업체 선정 시 소기업, 중기업, 그 외 대기업으 로 구분하여 선정(제20조)
이러닝산업 발전 및 이러닝 활용촉진에 관한 법률·시행령		– 공공기관이 발주하는 이러닝개발사업에 대기업인 이 러닝 사업자가 참여할 수 있는 사업 금액의 하한을 정 하여 고시(제20조의5) – 이러닝사업에 참여가 제한되는 대기업인 이러닝 사업 자는 중소기업자가 아닌 자로서 이러닝사업자로 신고 된 자(시행령 제16조의3)
특허료 등의 징수 규칙		– 소기업 또는 중기업이 대기업과 공동연구를 수행하 고 공동으로 출원하는 경우 출연료의 100분의 50 감 면(제7조)

중소기업의 중견기업으로의
성장 속도 촉진하기

중소기업→중견기업으로의 성장 속도를 촉진할 필요가 있다. 하나의 방법이 중소벤처기업 간 기업 결합을 통해 중견기업의 수를 압축적으로 늘리는 방법이다. 한 기업을 중견기업으로 육성하는 방법은 속도가 너무 느리다. 한 조사에 의하면[98] 제조업은 평균 22년이 소요되고 비 제조업은 평균 17년이 소요되는 것으로 나타났다. 이런 방식으로는 중견기업의 수를 빠르게 늘릴 수 없다. 그 대안으로 중소벤처기업들이 서로 결합하여 중견기업으로 성장하는 것을 지원하는 것이다. 다음의 세 가지 방향이 있다.

- 협력적 스케일업C scale-up, collaborative scale-up 방식: 동종 또는 유

사업종 기업들이 결합하여 기업 규모를 키우는 방식이다. 최근 미국이나 영국 그리고 유럽의 각국은 중소벤처기업 정책의 핵심을 스케일업에서 찾고 있다. 중소기업들의 성장 속도뿐만 아니라 규모 성장도 촉진하도록 유도하는 것이다. 미국은 2014년 7월을 기점으로 스케일업 미국 주도화ScaleUp America Initiative 정책을 펴기 시작했고 유럽 역시 유럽 스케일업 의정서EU Scale Up Manifesto 를 채택하면서 성장과 규모를 동시에 잡는 정책을 시행 중이다. 하지만 이 방식은 여전히 한 기업의 규모 성장을 촉진하는 정책이다. 이것을 뛰어넘을 필요가 있다. 동종 업종의 여러 중소기업 중 규모 성장에 관심 있는 기업들이 협력하여 결합할 수 있도록 지원하는 것이다. 이렇게 하면 훨씬 빠르고 효과적으로 규모를 키울 수 있다. 일정한 규모에 오른 기업들은 보다 빠른 시간 내 중견기업으로 진입할 수 있다.

■ 협력적 스코프업C scope-up, collaborative scope-up 방식: 서로 역량 특징을 달리하는 중소벤처기업들이 결합하여 새로운 기업으로 성장하는 방식이다. 중소벤처기업들의 약점은 성장에 필요한 기능과 역량을 모두 가질 수 없다는 점이다. 기술 역량은 있지만 마케팅 역량이 부족한 경우도 있고 생산 역량이 부족한 경우도 있다. 한 기업이 이들 역량을 짧은 시간 내에 모두 갖기는 쉽지 않다. 이를 보완하는 방식이 협력적 스코프업 방식이다. 스코프는

범위를 의미한다. 따라서 스코프업이란 서로 다른 역량 범주를 갖는 기업들이 서로 만나 시너지를 키우는 것을 말한다. 예를 들면 연구개발 역량+마케팅 역량+생산 역량+시장개척 역량들을 합쳐 새로운 기업으로 탄생시키는 거다. 영국의 합작법인 플로트마스터가 좋은 예다. 이 기업은 대양 환경 조사업체다. 조사를 위한 설비를 바다 위에 세워야 하는 기업 특성상 한 기업의 기술력으로는 설립이 불가능했다. 이 문제를 해결하기 위해 조선기업과 토목기업이 뭉쳐 문제를 해결했다.

■ 협력적 스타트업C start-up, collaborative start-up 방식: 본래의 기업은 그대로 둔 채 여러 중소벤처기업들이 협력적으로 투자하여 자신보다 규모가 큰 중견기업을 새롭게 설립하는 방식이다. 앞에서 소개한 기업결합은 기존 기업에 대한 소유권을 포기해야 하는 때도 있다. 이런 어려움을 돌파하는 방법이 협력적 스타트업 방식이다. 관심을 두는 중소벤처기업들이 출자하여 규모 있는 새로운 기업을 세우는 것이다. 출자 대상은 다양할 수 있다. 현금출자는 물론이고 공장 부지를 출자할 수 있으며 여기에 들어가는 설비 또는 지적재산권을 출자할 수도 있다. 일본의 제너럴프로덕션이 좋은 예다. 이 기업은 150여 개의 일본 중소 자동차 부품업체가 설립한 기업이다. 개별 기업의 규모가 작아 1차 협력사가 될 수 없어 많은 불이익을 받았던 중소기업들이 뭉쳐 규모가 큰 새

로운 기업을 설립한 경우다.

이들 방법을 3CS 전략이라고 부르기로 한다. 이것이 성공하기 위해서는 중소벤처기업들이 협력하여 뭉칠 수 있도록 촉진하는 정부지원이 필요하다. 두 가지 방법이 있다.

- 법을 통한 지원: 기업활력법 활용
- 법을 통하지 않는 지원: 정부의 프로그램 정책 지원

법을 통한 지원은 기업활력법을 활용하는 것이다. 이에 대해 살펴보기 전 기업활력법을 간단히 살펴보자. 이 법은 '기업활력 제고를 위한 특별법'의 줄임말로서 정상적인 사업을 영위하고 있는 기업이 해당 산업 내 공급과잉이나 세계경제의 위축으로 경쟁력 약화가 우려되는 경우 기업에게 특례를 부여해 재활할 기회를 제공하는 법이다. 해당 기업이 사업재편계획(기업분할이나 기업합병 등)을 제출하고 소정의 절차를 거쳐 승인되면 해당 기업에게 상법상 사업재편 간소화, 공정거래법상 규제 유예, 고용안정 지원, 세제·자금 지원 등 사업재편계획상의 특례를 선택적으로 제공하게 된다.[99] 일본에서 먼저 시행되어 효과가 입증된 것으로 일본은 버블경제 붕괴로 시작된 장기불황을 극복하기 위해 1999년 산업활력법을 제정했다. 정상적인 기업조차 도미노로 쓰러지는 것을 막기 위해 선제적 사업 재편을 지원하는

법으로 그 효과가 입증되자 2014년 산업경쟁력강화법으로 확대 개정했다. 한국의 기업활력법의 주요 지원사항은 다음과 같다.[100]

- 상법 등 특례: 1) 소규모분할제도의 도입(분할하는 회사의 총자산 기준 10% 미만 범위에서 소규모 분할이나 소규모 합병 시 이사회 결의만으로도 사업재편이 가능하도록 지원). 2) 소규모 합병·소규모 주식교환 범위 확대(상법상 완전 모회사가 되는 회사 또는 합병회사는 일정 규모 이하의 소규모 조직재편 시 주주총회를 생략하고 이사회 결의로 할 수 있도록 지원. 발행하는 신주 및 이전하는 자기주식 총수의 20% 이하인 경우에만 해당). 3) 간이합병 범위 확대(완전 자회사가 되는 회사 또는 피합병회사에 대해 발행주식 총수의 80% 이상이면 이사회 결의로 가능). 4) 기준일 설정 및 주주명부 폐쇄 기간 공고 시기 단축, 주주총회 개최 공고 및 서류비치 시기 단축, 채권자 이의제출기간 단축, 주식매수청구권 신청기간 단축, 주식매수청구액 지급기간 연장(자금부담 완화).
- 공정거래법 특례[101]: 1) 사업재편계획 제출과 기업결합신고 절차 간소화 및 창구 단일화. 2) 지주회사규제에 관한 특례지원(승인기업이 지주회사인 경우 부채비율 제한 완화, 자회사주식보유기준 적용 유예, 비계열사 및 자회사외 계열사에 대한 출자규제 적용 유예). 승인기업이 지주회사의 자회사인 경우는 손자회사보유주식기준 적용 유

예, 지주회사 자회사의 공동출자 규제 완화. 승인기업이 지주회사의 손자회사인 경우는 증손회사 지분보유 규제 완화. 지주회사 자회사의 공동출자 규제 완화.

- 세제지원[102]: 1) 양도차익 과세 이연(금융채무상환을 위한 자산매각 시 양도차익 과세 이연, 기업 간 주식교환 시 양도차익 과세 이연 및 증권거래세 면제, 합병에 따른 중복자산 양도차익 과세 이연). 2) 채무면제이익 과세 이연(모회사의 자회사 금융채무 인수·변제 시 과세 이연, 주주 등의 자산 무상양도에 대한 과세 이연, 금융기관에 의한 채무면제 시 과세 이연). 3) 계열사 주식교환 시 특례(계열사가 특수관계인에 포함되더라도 양도차익 과세 이연). 4) 등록면허세 감면. 5) 관세 납기연장·분납 지원.

- 규제 애로 해소 지원[103]: 1) 규제 불확실성 해소 제도(신청기업 및 승인기업이 사업재편 및 관련 사업 활동을 전개하기 전 법령해석이나 규제 유무에 관해 주무부처에 확인을 구할 수 있도록 하여 사업 활동과정에서 발생할 수 있는 불확실성을 사전에 제거. 주무부처에 대해 당해 사업활동에 적용되는 법령 등의 해석 및 적용 유무에 대해 확인요청 가능). 2) 기업제안방식규제개선제도(사업재편기업이 주무부처에 규제개선을 요청하는 제도).

- 기타지원[104]: 1) 금융지원(사업재편 전용자금지원(인수합병, 영업 양수도 등 자발적 사업재편 추진기업에 대해 사업재편 지원자금 지원), 사업

재편 우대보증(사업재편 중소기업의 시설·운전자금 우대 보증), 기업투자 촉진 프로그램(사업재편 기업의 인수합병·분사 시 설비·M&D 투자 등과 연계된 소요자금 지원), 시설투자 촉진펀드(사업재편 중소기업의 사업장(부지) 구입, 건물 신축, 기계 구입 자금 등 신규 시설투자에 대한 자금 지원), 회사인수 자금대출(중소기업의 인수합병 시 주식인수에 드는 자금 지원). 2) 연구개발 지원: 정부 연구개발 사업 우선 지원, 신기술 확보 인수합병 투자 지원, 연구인력 채용 지원, 사업화 융자 지원, 사업재편 지식재산P 인수 보증. 3) 고용안정지원(고용유지 지원금 지원, 직업능력훈련 지원, 실직자 지원). 4) 중소중견기업 지원(중소기업 정책자금 지원, 한국형 히든 챔피언 후보기업 육성 지원, 스마트공장 구축 지원, 중소기업 맞춤형 컨설팅 지원, 해외마케팅 지원).

이상이 기업활력법의 주요 내용이다. 그런데 이 법은 3CS 전략을 추진함에 매우·유용하다. 3CS는 기본적으로 중소벤처기업 간 결합과 분할을 필요로 한다. 규모를 키우기 위해, 기능을 확충하기 위해, 또는 중소기업들이 출자하는 새로운 스타트업을 만들기 위해 반드시 필요한 절차다. 따라서 기업활력법이 말하는 기업결합과 분할활동과 일치한다. 다만 현재의 기업활력법 취지는 정상적인 기업이 산업 환경이나 공급과잉 등으로 미래가 불투명할 때 한정하는 것으로 되어 있다. 이 목적을 풀어줄 필요가 있다. 앞으로 한국의 기업활력법은 단순한 붕괴예방 차원을 넘어서 중소벤처기업 간의 결합을 통해 중견기업으로 성장하도록 유도하는 지원법으로 바뀔 필요가 있다.

여기에 더하여 추가할 것이 있다. 인센티브의 충실화다. 현 기업활력법의 가장 큰 혜택은 기업분할과 기업합병 시의 절차 간소화와 이로 인해 발생하는 이익에 대한 과세이연이다. 이를 확대할 필요가 있다. 먼저 절차 간소화가 더 필요하다. 총자산 기준 10% 미만 범위 내에서의 소규모 분할이나 소규모 합병 시 이사회 결의만으로도 사업재편이 가능하도록 지원하는 제한을 크게 완화할 필요가 있다. 소규모 합병·소규모 주식교환의 범위 확대의 경우 발행하는 신주 및 이전하는 자기주식 총수의 20% 이하인 경우에만 지원하는 것도 완화되어야 하다. 또한 간이합병은 발행주식 총수의 80% 이상이면 이사회 결의로 할 수 있음도 완화될 필요가 있다. 다음으로는 단순 절차 간소화와 과세이연 정도가 아닌 연구개발에 대한 직접적 지원과 조세감면과 같은 실질적인 인센티브가 필요하다. 이런 조치는 정부가 3CS를 통해 중소기업의 중견기업으로의 성장을 지원한다는 강력한 시그널이 될 수 있다. 물론 모든 기업에게 이런 지원을 하는 것은 아니다. 일정한 요건과 3CS 의지를 가진 곳에 대해 선별적으로 지원해야 한다. 현행의 기업활력법 심의 및 사후평가절차를 참조할 필요가 있다.

두 번째 방법은 프로그램형 지원이다. 기업활력법을 통할 경우 시간이 오래 걸릴 수 있다. 법 개정에 시간이 소요되기 때문이다. 이 경우 정부의 프로그램형 지원이 대안이다. 일정한 요건과 3CS에 대한 강한 의지를 갖춘 기업군에 대해 사전심의를 한 후 이들에 대해 지원하는 방식이다. 일본의 중견기업 지원방식인 '지역 핵심기업 지원 대출 제도'와 같은 프로그램을 참고할 수 있다. 일본의 각 지역에서 일정한 영향력을 가진 중견기업이 새로운 분야로 진출하거나 경영개선 노력을 할 경우 상공조합중앙금고가 저리의 금융지원을 제공하는 제도다. 기업활력법과 같은 특별법 없이도 실행할 수 있는 방법이다.

11장

벤처형 글로벌 중견기업 육성하기

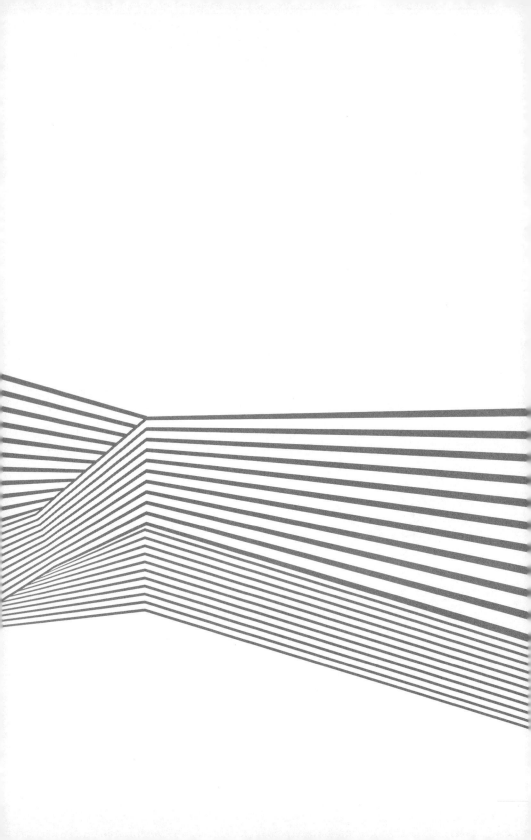

중견기업의 질적 육성 방향

중견기업의 절대적 수를 늘리는 것은 매우 중요한 정책이다. 이와 더불어 질적인 측면도 고려될 필요가 있다. 역량 있는 중견기업을 육성하는 조치다. 이를 위해서는 육성목표가 되는 중견기업의 모습이 설정되어야 한다. 그 방향은 두 가지다.

- 글로벌(해외 수출) 지향성
- 연구개발 역량

글로벌 역량이 중요한 이유는 한국경제에서 대외무역(수출과 수입)이 차지하는 비중이 크기 때문이다. 한국의 경우 해외수출이 줄어들면 국가경제가 위태로워질 수 있다. 중견기업을 늘리더라도 가능하면 글로벌 역량을 가진 기업이 중요한 이유다. 또 다른 이유는 국내 다른 기업들과의 충돌을 최소화하기 위해서다. 새로운 중견기업이 글로벌 역량을 가지지 못하면 내수시장에서 성장해야 한다. 이 경우 다른 국내기업들과의 긴장이 증폭된다. 국내시장은 제로섬 게임 구조를 갖기 때문이다. 누군가 국내시장에서 돈을 벌면 누군가는 돈을 벌지 못하는 구조다. 해외수출은 국내시장의 제로섬게임과 달리 포지티브섬 게임을 가능하게 한다. 수출을 한 만큼 국내로의 유입되는 돈이 증가한다는 말이다. 이 역할에 충실한 중견기업들을 육성할 필요가 있다. 해외수출을 계속하려면 당연히 기술력이 유지돼야 한다. 기술력의 핵심은 연구개발 역량이다. 기술에 의존하여 고급제품이나 서비스를 생산하지 않으면 글로벌 경쟁력을 유지하기 쉽지 않기 때문이다.

글로벌 역량과 연구개발 역량을 모두 갖춘 기업을 '벤처형 글로벌 중견기업'이라고 부르기로 한다. 벤처형 글로벌 중견기업이 되기 위해서는 우선 벤처형 중견기업이 되어야 한다. 다시 말해 벤처기업처럼 연구개발 역량이 뛰어나야 한다. 기준을 무엇으로 잡아야 할까? 6장 〈표 6-2〉에서 살펴본 주요국인 미국, 일본, 독일, 영국, 프랑스의 연구개발 50대 기업 연구개발 집약도를 참고할 수 있다. 미국과 일본이 가장 높다. 이중 미국은 너무 높다. 이곳을 기준으로 삼으면 한국기업들이 따라가기 어렵다. 일본도 높지만 목표로 삼을 만하다. 이 경우 평균 연구개발 집약도 5% 수준이 기준이 될 수 있다.

다음 조건은 글로벌이다. 이에 대한 기준은 최근 논의되는 태생적 글로벌 기업에서 힌트를 얻을 수 있다. 최근 학계에서는 창업 당시부터 글로벌 시장을 타깃으로 하는 기업에 관심을 두기 시작했다. 이런 기업들을 '태생적 글로벌 기업born global firm',[105] '국제적 신 기업international new venture',[106] 또는 '글로벌 창업기업global start-ups'[107]이라고 한다.[108] 태생적 글로벌 기업의 조건으로 다음이 거론된다.[109]

- 속도Speed: 초기 5년 이내 해외 진출
- 규모Scale: 전체 영업이익 중 25% 이상을 해외 매출에서 발생
- 범위Scope: 4개국 이상과 거래

물론 태생적 글로벌 기업만 해외 진출을 하는 것은 아니다. 동일한 기술력을 가졌지만 국내 시장에서 성장 후 글로벌 역량을 갖춘 기업들도 있다. 이들을 '재탄생 글로벌 기업born-again global firms'[110]이라고 한다. 글로벌 기업이 되는 과정은 다르지만 위 세 가지 조건은 재탄생 글로벌 기업에게도 똑같이 적용된다. 태생적 글로벌 기업의 조건으로 제시된 세 가지 중 해외 매출에서 발생하는 영업이익 비율을 하나의 기준으로 삼을 수 있다. 예를 들어 전체 영업이익 중 25% 이

상을 해외 매출에서 발생시키고 4개국 이상 거래하는 기업을 글로벌 중견기업으로 볼 수 있다. 앞의 연구개발 역량 조건과 글로벌 진출 역량 조건을 모두 충족하는 중견기업이 벤처형 글로벌 중견기업이 될 수 있다. 정리하면 다음과 같다.

- 연구개발 역량: 연구개발 집약도 5% 이상 중견기업
- 글로벌 역량: 전체 영업이익 중 25% 이상이 해외 매출에서 일어나고 4개국 이상 거래하는 중견기업(이중 4개국 이상 거래해야 하는 조건은 제외할 수 있음)

육성정책 방향 1:

차등의결권 부여

벤처형 글로벌 중견기업을 육성할 때는 육성정책이 강해야 한다. 다른 중견기업들에게 벤처형 글로벌 중견기업이 되는 것에 대한 충분한 동기를 주기 위해서다. 한국정부의 기업육성책은 대체로 프로그램 중심이다. 이들은 벤처형 글로벌 중견기업처럼 높은 수준에 도달한 기업에게는 효과적이지 못하다. 이미 이들 프로그램이 목표로 하는 역량을 갖추고 있기 때문이다. 예를 들어보자. 정부는 최고 수준의 중소기업 또는 중견기업 육성책으로 '월드클래스 300'이라는 제도를 운영했다. 2011년에 시작된 것으로 매출기준 400억~1조 원인 중소·중견기업 가운데 '최근 5년간 연평균 매출 증가율이 15% 이상'이거나 '최근 3년 연구개발 투자비가 연매출의 2% 이상'인 기업 중

월드클래스 수준의 300개 기업을 선별하여 지원하는 제도다. 한국기업들 중 수준급의 기업을 육성하자는 것이 취지다. 2018년 300개에 도달했다.

월드클래스 300에 해당하는 기업들의 평균 특징이 〈표 11-1〉에 있다. 다른 한국기업들과 비교해 매우 높은 수준의 기업 성과를 보여주고 있다. 하지만 이들 기업에 대한 지원책은 월드클래스 300 기업에 적합하지 않은 프로그램형이다. 가장 핵심적인 것이 선정 기업에 5년간 연 최대 15억 원의 연구개발비와 최대 7,000만 원의 해외 마케팅 자금 지원이다. 그리고 컨설팅(전략지원)과 인력 지원이다(〈표 11-2〉 참조). 월드클래스 300 기업은 말 그대로 월드클래스 수준이다. 글로벌 수준과 기술 역량이 글로벌 수준에 이르렀다고 평가된 기업들이다. 그런데 이들 기업에게 제공되는 지원책이 해외수출 지원과 인력 제공 그리고 연구개발과 경영 컨설팅 지원 정도다. 이들은 이런 지원 없이도 독자적인 기술개발 역량과 글로벌 개척 역량을 확보한 곳임에도 말이다. 은행을 통한 금융지원은 그나마 나은 편이다. 월드클래스에 속한 기업들도 금융 어려움을 겪을 수 있기 때문이다. 이것을 제외한 나머지들은 월드클래스 수준의 기업들에게는 적합하지 않은 지원책이다. 이런 지원책은 오히려 월드클래스 300으로 육성하고 싶은 예비 기업들에게 주어져야 하는 것들이다.

〈표 11-1〉 월드클래스 300 기업의 특징(2016년 기준)[111]

매출액 및 수출액	시장점유율	연구개발 집약도
연평균 매출액: 1,763억 원 연평균 수출액: 1,050억 원	평균 매출액 대비 수출 비중: 59.6%로 높은 수준의 글로벌 시장 점유력 유지	6.1% 미래 핵심기술 확보를 위해 지속적으로 연구개발 투자 확대

〈표 11-2〉 월드클래스 300 기업 지원책[112]

구 분	내 용	지원기관
연구개발	▶ 세계적 수준으로 도약을 위한 핵심·응용기술개발 지원(3~5년간) – 기업당 연간 최대 15억 원 국비 지원, 기업 부담 50% * 평가결과 일부 기업은 연구개발 지원에서 제외될 수 있음	한국산업 기술진흥원
마케팅	▶ 목표시장 진출을 위한 마케팅 활동 비용 지원(5년간) – 연간 마케팅 활동계획 수립부터 이행까지 종합 지원 (기업별 배정된 코트라 전문위원을 통한 맞춤형 지원) – 기업당 연간 최대 국비 7,000만 원 지원, 기업부담 50%(최대 5년 지원)	코트라
전략	▶ 해외시장 진출을 위한 체계적 전략 수립 및 애로 사항 컨설팅 지원 – 신규시장 진출 전략 수립 및 현지 마케팅 활동 연계 – 산업부 연구개발 자금 관리은행인 기업, 우리, 신한은행 및 ID사를 통해 경영, 회계, IP 분야 등 컨설팅 지원	중견련, 코트라 기업·우리· 신한, 인텔렉추얼 디스커버리
인력	▶ 글로벌 인재 현지화 교육 – 국내 이론교육과 해외 현지 실무교육을 병행, 기업 진출 희망국 현지 전문가 양성	한국산업 기술진흥원

구 분	내 용	지원기관
금융	▶ 정부 연구개발 자금관리 은행인 기업, 우리, 신한의 투자펀드 결성, 기업공개, 해외법인 설립, 대출, 채권, 보증, 파생상품 등 해외 진출을 위한 종합 금융 지원 - (투자) 4,500억 원 규모의 후보기업 지원 사모펀드PEF 조성 - (대출) 글로벌 전문후보기업 전용 대출상품 출시: 금리 최대 0.5%p 우대 - (보증) 수출보증·보험 지원한도 2배 우대, 연간 2,000만 원 한도 내 보증료 70% 지원 등 무역보험공사 연계 무역금융 지원 - (기타) 환위험 대응 나이트 데스크(~24:00) 운영, 환파생상품 노마진 가격 적용, 아시아 4개국(중국, 베트남, 캄보디아, 카자흐스탄) 글로벌 지원 데스크	기업은행 우리은행 신한은행

수준 높은 기업들을 지원할 때는 주의할 점이 두 가지 있다.

- 수준에 맞는 지원을 할 것: 충분한 동기를 제공할 정도의 지원을 할 것.
- 제도 완화형 지원을 할 것: 프로그램이 아닌 제도적 굴레를 벗을 수 있는 지원을 할 것.

벤처형 글로벌 중견기업 육성 시 위의 두 조건에 적합한 제도적 지원으로 차등의결권 허용을 들 수 있다. 차등의결권이란 기업이 의결권을 달리하는 주식을 발행할 수 있도록 하는 제도를 말한다. 주식마다 의결권 정도에 차등을 두는 것이 핵심이다. 이 제도가 필요한 이유는 경영권을 안정시키기 위해서다. 기업이 연구 및 글로벌 역량을 갖추기 시작하면 적대적 인수합병에 노출될 가능성이 높다. 이를 방지하는 제도가 차등의결권제도다. 경영권이 불안정해지면 기술력이 뛰어난 기업들이라고 하여도 기술역량 향상보다는 경영권 방어에 주력하다 기업성장을 놓치는 경우가 많다. 이를 사전에 방지해주자는 것이다. 방식은 다음과 같다.[113]

- 두 종류의 보통주를 발행하는 방식: A클래스와 B클래스의 다른 보통주를 발행하는 방식이다. A클래스의 경우는 1주 1의결권을 갖는 주식이고 B클래스는 복수의 의결권, 예컨대 1주당 10개의 의결권을 가지게 된다.
- 보유기간에 따른 차등의결권 부여방식: 주식을 보유한 기간에 따라 차등의결권을 주는 방식이다. 프랑스에서는 최소 2년 동안 보유한 보통주에 대해 2표의 의결권을 인정하고 있다. 이 제도를 도입하면 꼭 2년 보유를 고집할 필요는 없다. 필요에 따라서는 3년 이상 또는 5년과 같이 구분할 수 있고 2년 보유자에게는 2표 그리고 5년 보유자에게는 3표와 같이 단계를 구분할 수도 있다.

2004년 구글의 창업자 래리 페이지는 나스닥 시장에 상장하면서 기업지배구조와 관련한 편지를 보냈다. 1주당 10배의 의결권을 인정하는 차등의결권을 도입하겠다는 것이었다. 이후 약 15%의 주식을 보유하고 있던 창업자 래리 페이지와 세르게이 브린은 63.5%의 의결권을 가질 수 있게 되었다. 이후 구글은 안정적 경영을 기반으로 지속적인 기술투자를 할 수 있었다. 그 결과 세계 최고의 기업으로 성장했다. 2004년 대비 2016년 매출이 32억 달러에서 903억 달러로 28배 늘어났고, 고용은 3,000명에서 6만 명으로 20배가량 증가했다.[114]

이 제도가 필요한 이유는 몇 가지 있다. 첫째, 사모펀드PEF, private equity fund에 의한 적대적 인수합병으로부터 기업을 보호하기 위해서다. 미국은 1980년에 들어서면서부터 많은 혁신 역량을 가진 기술기업들이 이들 펀드들에 의해 적대적 인수합병을 당했다. 이 문제를 해결하기 위해 미국은 1994년 차등의결권제도를 도입했다. 이런 일이 미국에서만 일어나는 것은 아니다. 한국에서도 유사한 일이 폭증할 가능성이 높다. 2018년 한국에서도 사모펀드의 기업경영 참여에 대한 규제를 대폭 풀기 위한 논의가 진행되었다. 기존의 경영참여형 사모펀드는 투자기업 지분 10% 이상을 의무적으로 보유해야 했다. 또한 전문 투자형 사모펀드는 10%를 초과하는 보유 지분에 대해서는 의결권 행사를 못 하게 했다. 이러한 규제에 대해 국내 사모펀드들은 불만이 있었다. 미국의 행동주의 펀드인 엘리엇 같은 곳은 1%대의 지분만으로도 대기업을 대상으로 주주 배당 확대, 자사주 소각 등

경영 개선요구를 할 수 있도록 하면서 국내 사모펀드에는 지분 10% 이상의 규정으로 막는 것은 부당하다는 것이다. 이것을 한국정부가 받아들였다.[115] 〈표 11-3〉이 변화의 방향을 보여준다. 이렇게 되면 혁신성을 바탕으로 한 기술기업들의 경영권 방어 문제가 크게 대두될 가능성이 높다. 이 문제가 해결되지 않으면 한국에서의 기업가정신은 크게 후퇴하게 된다. 특히 벤처형 글로벌 중견기업으로 성장하고자 하는 기업들의 불안이 커질 것이다.

〈표 11-3〉 정부의 사모펀드 규제 개선 방향[116]

구분	기존		개선
	전문 투자형(헤지펀드)	경영 참여형(PEF)	양자의 구분 없음
지분보유 의무	-	- 출자금 50% 이상 2년 내 주식투자 - 의결권 있는 주식 10% 이상 취득 - 취득 주식 6개월 이상 보유	규제 폐지
의결권 제한	보유주식 중 10% 초과분에 대한 의결권 행사 제한	-	규제 폐지
차입	순재산 400% 이내 (금전차입, 대여, 채무보증, 파생상품 투자 등)	PEF 재산 10% 이내 (단 SPC 활용 시는 300% 까지)	순재산 400% 이내 (금전차입, 대여, 채무보증, 파생상품 투자 등)
대출	대출 가능 (단, 개인대출 금지)	대출 불가	대출 가능 (단, 개인대출 금지)

둘째, 한국에서 태어난 벤처형 글로벌 기업을 다른 나라의 자본시장에 상장시킬 필요가 없기 때문이다. 한 국가가 만들어낸 기업은 표면상 특정 개인이나 집단의 소유가 되지만 실제로는 국부의 원천이다. 2018년 9월 중국 국무원은 회사법 등 법률과 자본시장 관련한 규정을 보완하면서 기술 혁신형 기업에 대해 차등의결권을 인정하는 조치를 했다. 중국의 유망기술을 다른 나라에 뺏기지 않기 위함이었다. 2014년 9월 중국 전자상거래 업체인 알리바바는 뉴욕증시에 상장했다. 미국의 차등의결권제도 때문이었다.

이로 인해 중국 내부에서는 국부가 미국에 넘어갔다는 여론이 팽배했다. 유사한 일이 2005년에 있었다. 중국 최대 검색업체인 바이두가 미국 나스닥에 상장했다. 역시 차등의결권이 이유였다.[117] 기술력과 글로벌 역량으로 무장된 한국기업들도 한국 주식시장이 아닌 차등의결권을 허용하는 시장에 상장할 가능성이 있다. 이렇게 되면 한국 자본시장의 성장에 문제가 생길 수 있다. 기존의 자본시장은 자국 내 기업들의 자본조달 창구 정도의 역할을 했다. 하지만 미래에도 이런 구도가 유지될 것이라고 보는 것은 오산이다. 각국의 자본시장 간 경쟁으로 우량한 기업들을 끌어들이는 노력이 심화될 것이기 때문이다. 이럴 경우 유망한 기업들은 자신들에게 유리한 조건을 제시하는 자본시장에 둥지를 틀게 된다. 그 한 예가 홍콩증시다. 이곳은 2017년 7월 시장 개장 이후 30년 만에 차등의결권을 인정해주도록 상장규정을 수정했다. 그러자 중국 스마트폰 제조업체인 샤오미가 그해 홍콩증시에 상장했다. 이 효과로 홍콩은 글로벌 기업공개 시장에서 뉴욕증시를 다시 제치고 1위에 올라섰다.[118]

물론 이 제도에 대한 반대도 있다. 가장 큰 이유는 부를 세습하는 도구가 될 수 있다는 것이다. 하지만 이런 부작용은 제도를 운영하는 방식에 의해 차단될 수 있다. 차등의결권으로 인한 자동적 부의 세습을 막는 장치를 마련하면 된다. 부의 세습은 차등의결권주를 양도할 때 이루어진다. 하지만 이 주식의 양도권을 제한하면 문제는 해결된다. 원천적으로 복수 의결권을 가진 상태에서는 양도를 금지하고 양도 시에는 1주 1표인 보통주로 환원시키면 된다. 만일 상장기업이라면 주식 보유기간에 따른 차등의결권 제도를 도입하면 된다. 이 경우도 차등의결권주를 타인에게 양도할 수 없도록 하면 되고 주식처분 시에는 복수 의결권리가 사라져 1주 1표의 보통주로 전환시키면 부작용을 최소화할 수 있다. 또한 이 제도는 주식을 소유한 모든 사람이나 기관이 권리를 가지는 방식이어서 형평성 문제도 없다.

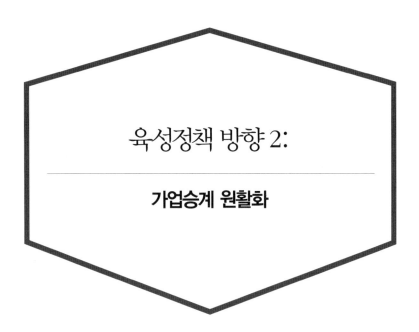

육성정책 방향 2:

가업승계 원활화

　벤처형 글로벌 중견기업에게는 가업승계를 원활하게 해줄 필요가 있다. 가업승계에 대한 논의는 한국에서는 뜨거운 감자다. 가업승계는 부의 세습을 조장하고 부의 분배를 왜곡한다는 논리가 작동하고 있기 때문이다. 하지만 국가적 정책을 단순히 한 면만 보고 결정하는 것은 위험하다. 부작용만 있다면 당연히 이를 피해야 하지만 순기능도 만만치 않다면 깊이 생각할 필요가 있다.

　가업승계가 중요한 이유는 무엇일까? 가업승계는 가족경영의 중요성에서 출발한다. 가족경영은 모든 나라의 보편적 현상이다. 전세계 기업의 80%가 가족기업이다. 미국은 60%의 종사자들이 가족기업에서 근무하고 있으며 신규 일자리의 78%가 이들 기업에 의해 만들어지고 있다.[119] 한국도 예외가 아니다. 전체 제조업의 약 85% 정도가 가족기업이다. 독일의 미텔슈탄트 역시 대부분 가족에 의해 운영되고 있다(〈그림 11-1〉 참조).

〈그림 11-1〉 독일의 미텔슈탄트와 가족경영[120]

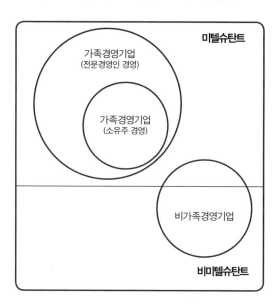

가족기업은 비가족기업에 비해 혁신성이 높은 것으로 나타나고 있다. 한 연구에 따르면 가족기업의 특허건수가 11% 더 많았다. 특히 독창성도 훨씬 높았다.[121] 가족기업의 특징인 장기적 안목 때문이다. 전문경영인들은 단기성과에 집착하다 보니 시간이 걸리는 혁신을 등한시하는 경향이 있다. 또 다른 장점도 있다. 가족기업은 빠르고 유연

한 의사결정을 할 수 있고, 전문경영인과 다른 특유의 기업가정신을 발휘하며, 또한 기업에 대한 몰입이 강하다.[122] 100년 이상 된 기업이 면서도 혁신적 기업 중에는 가족기업이 많다는 것도 눈여겨볼 필요가 있다. 이유는 가족경영이 주는 장점인 가족 간 신뢰, 가족만이 갖는 특유의 근면성, 대가 이어지면서 형성된 사회적 책임, 의사결정의 유연성, 기업운영의 스트레스에 대한 내성, 혁신성, 비전 지향성 때문이다.[123] 물론 가업승계가 기업경영 성공에 반드시 유리한 것은 아니다. 경영 역량이 떨어지는 가족이 승계했을 때 문제가 일어난다. 승계 받은 가족과 그렇지 못한 가족들의 불화로 기업이 불안정해질 수 있다. 폐쇄적인 경영이 나타날 수 있다. 하지만 역기능보다는 순기능이 더 크다.

특히 한국의 벤처형 글로벌 중견기업에게 있어서 가족기업의 가치는 훨씬 커진다. 벤처형 글로벌 중견기업은 국내시장이 아닌 해외시장에서의 경쟁에 주력하는 기업이다. 포지티브섬 게임을 가능하게 해주는 기업이라는 말이다. 이런 기업에서 가업승계 단절이 일어난다면 여러 부작용이 생겨난다. 첫 번째로는 기업파산이 예측된다. 갑자기 경영자가 사망하는 경우 일어날 수 있다. 이 경우 상속인은 막대한 상속세를 낼 수 없는 상황에 직면하게 된다. 별다른 방법을 찾지 못하면 파산이다. 한 기업이 멀쩡히 있다 파산하는 것도 큰일이지만 벤처형 글로벌 중견기업처럼 국가경제에의 기여와 파급력이 높은 기업이 파산하는 것은 더 큰 일이다. 벤처형 글로벌 중견기업의 파산은 일반 기업들보다 그 피해가 훨씬 크다. 우선 글로벌 사업 네트워크가 무너진다. 기업의 글로벌 역량은 키우기 가장 까다로운 것 중 하나다. 기업파산이 일어나면 이 역량이 순식간에 사라진다. 고용에서도 문제가 일어난다. 벤처형 글로벌 기업 정도가 되면 고용 수준이 만만치 않다. 해당 기업과 협력하는 기업들의 종사자까지 합치면 고용파급 효과는 엄청나다. 단순히 고용량만이 문제가 아니다. 고용의 질도 따져보아야 한다. 연구 역량과 글로벌 역량을 유지하기 위해 이들 기업들은 높은 수준의 인건비를 지불하게 된다. 이런 기업이 파산하면 순식간에 고급 일자리가 사라진다.

파산하지 않는다고 하여도 문제는 남는다. 가업승계가 원활치 못하면 기업매각이 필연이다. 순조로운 매각으로 사업 연속성이 유지된다면 문제는 최소화될 수 있다. 하지만 기업이 매각되면 다양한 곳에서 회사 균열이 일어난다. 불안정한 고용승계, 새로운 경영진의 등장에 따른 부작용, 조직문화의 급격한 변화에 따른 조직불안 등이 예측된다. 이런 이유로 매각된 기업이 얼마 버티지 못하고 무너지는 경우가 종종 있다. 또 다른 문제도 있다. 벤처형 글로벌 중견기업이 매각되는 과정에서 자본게임에 휘말릴 수 있다. 기업을 건전하게 운영할 목적이 아닌 자본이득을 위해 기업이 팔릴 때 이 기업은 매우 불행한 사태에 직면할 수 있다. 이런 부작용을 막는 방법이 자연스러운 가업승계다.

한국에서 가업승계의 가장 큰 걸림돌은 두 가지다.

- 높은 세율: 한국에서는 가업승계 시 상속 명목 최고세율이 50%에 달하고 있다. 하지만 이는 명목일 뿐이다. 최대주주 지분을 물려받을 때는 30%의 할증으로 실질 세율은 65%다.
- 조세감면을 위한 까다로운 조건: 가업상속 시 500억 원까지 세금이 감면되는 '가업상속공제'제도가 있다. 상속을 물려주는 기업인(피상속인)이 최대주주로서 10년 이상 운영한 기업을 상속인에게 법이 정하는 대로 승계하면 최대 500억 원까지 공제해주는 제도다. 10년 이상 운영 시에는 200억 원, 15년 이상 시에는 300억 원, 20년 이상 시에는 500억 원이 상속공제 한도다. 하지만 상속인이 이런 공제를 받는 것이 매우 까다롭다.

〈표 11-4〉에 의하면 가업을 물려줄 피상속인이 10년 이상 운영한 사업을 상속개시일 이전 2년 이상 가업에 종사한 18세 이상의 상속인에게 넘겨줘야 상속공제를 받을 수 있다. 그리고 상속인은 상속세 신고기한까지 임원으로 취임하여야 하고 신고기한으로부터 2년 이내 대표이사에 취임해야 한다. 그러다 보니 아버지가 사망하면 정상적으로 상속공제를 받기 어려운 경우가 많다. 18세에 갓 이른 상속

인이 상속 개시일 2년 이상 가업에 종사할 수 없는 경우가 있으며 또한 신고일로부터 2년 이내 대표이사가 되기는 매우 어려운 일이다. 그렇게 돼봐야 정상적인 경영이 어렵다. 이런 기업들은 매물로 나오거나 파산하는 경우가 많다.

<표 11-4> 가업상속 요건[124]

요건	기준	내용
피상속인	주식보유 기준	10년 이상 계속하여 피상속인을 포함한 최대주주 등 지분 50%(상장법인은 30%) 이상을 10년 이상 계속하여 보유
	대표이사 재직요건 (세 가지 중 1가지 충족)	가업 영위 기간의 50% 이상 재직
		10년 이상의 기간 (상속인이 피상속인의 대표이사 등의 직을 승계하여 승계한 날부터 상속 개시일까지 계속 재직한 경우)
		상속 개시일부터 소급하여 10년 중 5년 이상의 기간
상속인	연령	18세 이상
	가업종사	상속 개시일 전 2년 이상 가업에 종사 - 예외: 피상속인이 65세 이전 사망, 피상속인이 천재지변 및 인재 등으로 사망
	취임 기준	신고기한까지 임원취임 및 신고기한부터 2년 이내 대표이사 취임
	배우자	배우자가 요건 충족 시 상속인 요건 충족으로 봄

왜 이렇게 까다로울까? 기업을 보는 시각 때문이다. 한국에서는 가업승계를 부의 승계라는 시각에서만 본다. 부의 분배에 대한 국민 형평성이 강조된 시각이다. 하지만 가업승계를 반드시 이렇게 볼 이유는 없다. 많은 다른 나라에서는 가업승계를 제2의 창업으로 보고 있

다. 캐나다, 호주, 멕시코, 스웨덴, 오스트리아, 이스라엘 등 경제협력 개발기구OECD 회원 35개국 중 17개국은 자녀가 가업승계 시 상속세가 아예 없다. 그리고 전 세계 국가 중 명목 세율이 한국보다 높은 나라는 벨기에(80%) 한 나라뿐이다. 하지만 이곳도 주식으로 가업승계가 일어나면 세율은 30% 수준이다.[125] 어떤 것이 국가에 더 유리한지는 충분히 따져볼 일이지만 부의 대물림을 차단한다는 한 가지 시선만으로 가업승계를 볼 일만은 아니다.

특히 벤처형 글로벌 기업처럼 국가 전략적 가치가 높고, 경제 생태계에 긍정적 영향을 주며 국가사회에의 기여도가 높은 기업들에 대하여는 시각을 달리해서 볼 필요가 있다. 이를 개선하기 위해서는 최고세율이 완화돼야 한다. 동시에 상속인의 요건도 낮춰야 한다. 18세를 갓 넘은 상속자는 전문경영인 밑에서 일정 기간 경영수업을 받은 후 대표이사에 취임할 기회를 주어야 한다. 또한 중견기업은 직전 3년 평균매출액 3,000억 원 이하의 기업만 가업상속공제 대상이 될 수 있는 조건도 크게 완화되어야 한다.

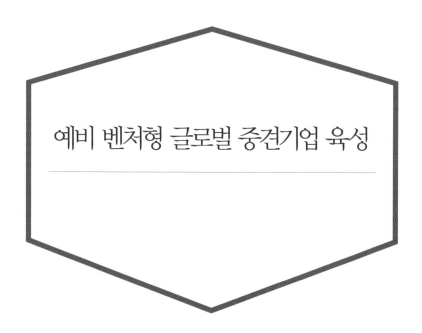

예비 벤처형 글로벌 중견기업 육성

일반 중견기업이 벤처형 글로벌 중견기업에 도달하기는 쉽지 않다. 이런 수준의 기업을 많이 만들기 위해서는 예비 기업들이 우선 육성되어야 한다. 이를 위해서는 일반 중견기업들이 연구개발 역량을 가질 수 있도록 유도하는 정책들이 필요하다.

우선 연구개발 지원 방식을 변경할 필요가 있다. 기존 방식은 기업이 국가 연구개발 예산에 대해 하향식 또는 상향식으로 지원 후 선정하는 방식이다. 하향식은 국가가 결정한 연구개발 지원 기술 분야에 응모하는 것이다. 상향식은 개별 기업들이 스스로 결정한 연구개발 프로젝트를 지원하는 것이다. 어느 쪽이 되든 응모·지원→선발평가→결과평가라는 방식을 따르게 된다. 문제는 이 방식이 대다수의 중견기업들의 연구개발 필요성과 거리가 있다는 점이다. 실제로 기업이 필요로 하는 연구개발은 자신의 문제를 해결하는 것이다. 이것은 반드시 첨단 기술이나 고도의 기술과 무관할 때가 많다. 응모·지원→선발평가 방식은 경쟁에 따라 소수 기업들에게 연구개발 지원을 하는 것임으로 기술력과 첨단성을 지닌 것으로 보이는 과제가 선택될 가능성이 높다. 하지만 기업이 필요로 하는 연구개발은 이런 것이 아니다. 현재 경험하고 있는 제품이나 서비스 또는 공정상의 문제를 해결하기 위한 연구개발이 더 필요하다. 불행히도 이런 연구개발 과제는 채택될 가능성이 낮다. 실제로 중견기업들은 이런 문제를 무수히 경험하고 있다. 〈그림 11-2〉를 보면 정부지원 연구개발 사업에 대해 관심을 둘 만한 사업이 없다는 응답이 과반을 넘었다. 이런 문제를 해결해주는 것이 중요하다.

〈그림 11-2〉 중견기업이 연구개발 지원사업에 대한 인식[126]

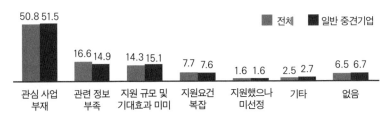

주) 샘플 수-전체 2,979개(일반 중견기업 2,379개, 관계기업 600개)

이를 해결하기 위한 가장 좋은 방법은 중견기업이 선택한 연구기관이나 대학과의 협력 연구개발 과제에 대해서도 지원하는 방식이다. 당연히 이를 실행할 수 있는 연구개발 예산이 편성되어야 한다. 그리고 해당 과제에 대하여는 사전 심의에 의한 지원이 아닌 사후적으로 인정하는 방식이 필요하다. 단, 사후적 평가는 필요하다. 이를 통해 적절한 방식으로 연구가 진행되었는지 그리고 연구비는 적정하였는지를 살펴볼 필요가 있다.

다음으로는 글로벌 역량을 키울 수 있도록 지원해야 한다. 다음 방법이 중요하다.

- 해외 전문지원 시스템 활용지원: 벤처형 글로벌 중견기업이 되기 위해서는 필연적으로 글로벌 역량이 강화되어야 한다. 이를 위해서는 일반 중견기업들의 해외 진출 전략수립 능력을 지원해 줄 필요가 있다.

실제로 많은 수의 중견기업들이 수출에 참여하지 못하고 있다. 내수 중심의 업종이거나 대기업과의 거래로 제약을 받는 때도 있지만 수출을 어떻게 해야 하는지에 대한 정보와 역량이 부족한 경우도 많다. 〈그림 11-3〉을 보면 전체 중견기업(관계기업 포함) 중 60.7%가 수출 경험이 없다고 했다. 관계기업을 제외한 일반 중견기업들 중

58.7%가 수출 경험이 없다고 답변했다.[127]

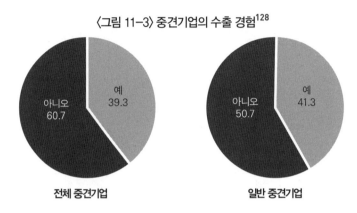

〈그림 11-3〉 중견기업의 수출 경험[128]

전체 중견기업

일반 중견기업

주) 샘플 수 – 전체 2,979개(일반 중견기업 2,379개, 관계기업 600개)

많은 수의 한국 중견기업들이 해외 진출에 어둡다. 해외시장에 대한 정보 부족, 실질적인 판로에 접근할 수 있는 효과적인 네트워크 부재, 그리고 해외시장 개척을 위한 전문인력 부족 때문이다. 그러다 보니 다음과 같은 부작용을 경험하게 된다. 현지 판매 에이전트의 기회주의적 접근으로 인한 피해, 해외 진출 자체에 만족하여 불리한 계약체결, 경쟁 환경의 변화에 따른 해외시장 유지 실패 등이다.

이러한 문제는 개별 기업이 해결하기 매우 어렵다. 이를 해결하기 위해 다양한 공공기관이 지원하고 있으나 실질적인 도움을 받지 못하는 경우가 많다. 이를 대체하는 대안이 해외 전문 네트워크 기관 ENP, Expert Network Platform을 활용할 수 있게 지원하는 것이다. 이들을 통하면 전 세계의 경영, 산업, 과학, 의학 등 광범위한 분야의 전문가와 해외 네트워크를 찾아주는 서비스를 받을 수 있다. 이들 기관들의 서비스 제공 비용에 대한 세액공제와 같은 지원이 필요하다. 이보다 더 적극적인 다음과 같은 방법이 있다.

- 해외 유력기업의 지분 취득 지원: 사실 해외시장 진출과 유지는 생각처럼 쉽지 않다. 진출을 쉽게 하고 해외시장을 유지하기 위해서는 해외의 유력 기업과의 기업 간 결합이 필요하다. 해외 유력한 기업들이 한국의 중견기업 지분을 확보할 수 있도록 지원하는 것이다.

이 방식은 일본정부에 의해 활용되고 있다. 일본정부는 해외의 유력기업들이 일본기업들과의 밀착된 관계를 유지할 수 있도록 자국 기업들의 지분 및 경영에 참여할 길을 열어주었다. 지분을 제공하는 것은 일견 불리한 것처럼 보이지만 경영권을 저해받지 않는 정도의 지분은 해외 유력기업과의 관계를 심화시킬 수 있는 좋은 방법이다.

주목할 필요가 있는 기업군

벤처형 글로벌 중견기업을 육성하기 위해서는 그럴 가능성이 높은 기업들에 주목할 필요가 있다. 벤처천억기업이 그런 기업들이다. 벤처기업에서 출발(벤처 인증기업)해 매출액 1,000억 원을 돌파한 기업을 말한다. 중소기업이나 중견기업이 주력이다. 이들 기업들에 주목하고 이들이 벤처형 글로벌 중견기업으로 성장할 수 있도록 지원하는 것이다.

2016년을 기점으로 벤처천억기업은 513개에 이른다(《표 11-4》 참조).[129] 이 중 중견기업이 292개고 나머지 221개는 중소벤처기업이다. 이들의 평균 매출은 2,133억 원이다. 평균 수출액은 488억 원으로 매출액 대비 22.9% 수준이다. 평균 영업이익은 172억 원으로 영업이익률이 8.1% 수준이다. 한국 대기업의 평균 영업이익률이 6.1% 그리고 평균 중소기업의 영업이익률이 6.0%임과 비교하면 높은 수준이다. 이들은 연구개발능력도 매우 우수하다. 이들 기업들이 종사하고 있는 업종과 연구개발 집약도는 〈표 11-5〉에서 읽을 수 있다. 음식료, 섬유, 비금속, 기계, 제조, 자동차와 정보통신, 방송 서비스 업종에서의 연구개발 집약도는 낮다. 하지만 이들 업종을 제외한 다른 업종의 집약도는 3~5.5%를 보여주고 있다. 한국의 대기업 평균 연구개발 집약도가 1.5% 그리고 중소기업 평균 연구개발 집약도가 0.7%임과 비교하면 매우 높은 수준이다.[130] 음식료, 섬유·비금속 분야는 전통적으로 연구개발 집약도가 낮은 산업이며 정보통신·방송 서비스 업종은 서비스 업종으로 산업의 연구개발 집약도가 일반적으로 낮다. 서비스 업종에 속한 기업들은 R&D 집약도 산정 시 별도 기준이 필요함을 시사한다. 아무튼 벤처천억기업들은 잠재력이 큰 기업들이다. 이들 중견기업과 중소벤처기업들을 벤처형 글로벌 중견기업으로 육성하는 것이다.

<표 11-5> 천억벤처기업 현황(2016년 기준)[131]

매출액	기업 수	대표적 기업
1조 원 이상	4	네이버, 코웨이, 유라코퍼레이션, 성우하이텍
5,000억~1조 원 미만	21	휴맥스, 카카오, 네오플, 엔씨소프트
2,000~5,000억 원 미만	134	파워로직스, 가온미디어, 위메프, 캠시스
1,000~2,000억 원 미만	354	게임빌, 로보스타, 해피콜
합계	513	-

<표 11-6> 천억벤처기업의 연구개발 집약도[132]

업종	연구개발비(억 원)	매출액(억 원)	연구개발 집약도(%)
에너지·의료정밀	94	1,713	5.5
컴퓨터·반도체·전자부품	67	2,242	3.0
통신기기·방송기기	97	2,192	4.4
음식료·섬유·비금속	9	1,893	0.5
기계·제조·자동차	34	2,035	1.6
소프트웨어 개발	137	2,830	4.8
정보통신·방송 서비스	11	3,628	0.3

12장

지역경제 버팀목으로서의
중견기업 육성하기

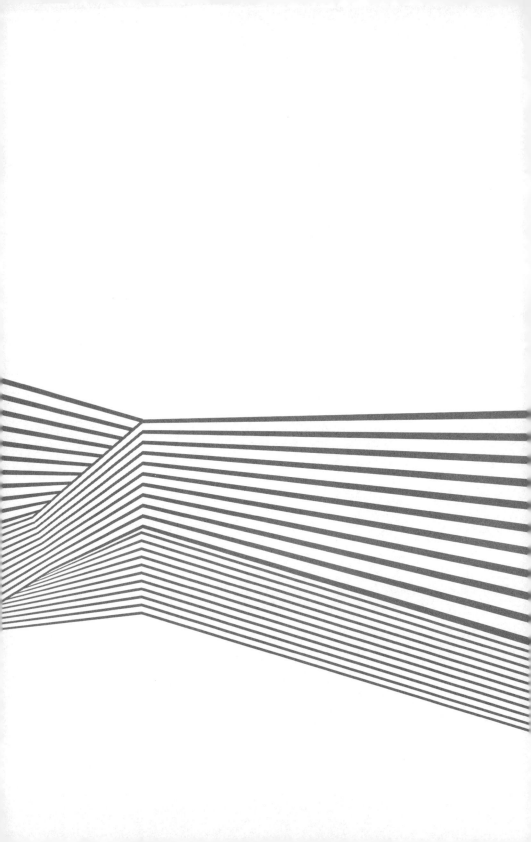

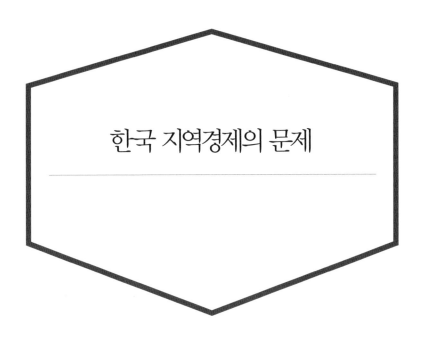

한국 지역경제의 문제

한국경제의 가장 커다란 문제 중의 하나는 지역경제의 취약성이다. 원인은 이들 지역이 스스로 부가가치를 만들 수 없는 경제구조 때문이다. 대기업의 단순 생산기지 역할만을 수행했기 때문이다. 생산기지란 말 그대로 생산만 책임지는 곳이다. 이것의 전제조건은 수직계열화다. 대부분의 지역 기업들은 대기업의 수직계열 속에 들어 있다. 문제는 대기업들이 생산기지를 해외로 옮기거나 해당 사업을 더 이상 유지하지 않을 때다. 한국의 많은 대기업이 포화기나 쇠퇴기 시장에서 경쟁하는 경우가 많다. 여기서 이기려면 원가경쟁력이 필요하다. 이 문제를 국내에서 해결하지 못하자 생산기지의 해외 이전이 본격화되었다. 그러면서 지역경제도 무너졌다. 어떻게 이 문제를 해결해야 하는가? 다음의 조치가 필요하다.

- 향토 중견기업 육성: 지역경제를 견인할 수 있는 중견기업들을 빠른 속도로 육성하기
- 향토기업 클러스터 구축: 자발적 부가가치 생성역량을 갖는 향토선도 중견기업을 축으로 지역경제 내 향토기업 클러스터 구축하기

향토 중견기업 육성하기

지역경제가 살아나기 위해서는 중소기업이나 벤처기업만으로는 부족하다. 일정한 규모를 유지하면서 경쟁력을 갖춘 중견기업이 필요하다. 이들이 바로 향토 중견기업이다. 불행히도 한국은 지역별 중견기업 편차가 매우 심하다. 〈표 12-1〉을 보면 지방으로 갈수록 중견기업 수가 급격히 줄어들고 있음을 알 수 있다. 수도권이 중견기업의 절반이상인 61.9%를 차지하고 있다. 부산, 울산, 경남권이 12.6% 정도고 다른 지역은 10%에도 미치지 못하고 있다. 이 문제를 해결하기 위해서는 다음 방식이 필요하다.

- 일본의 지역 핵심 중견기업 육성방식 빌려오기

■ 중소기업→중견기업 성장을 위한 3CS 전략 활용하기

〈표 12-1〉 지역별 중견기업의 비중[133]

광역권	지역	비중	
		지역	광역권
수도권	서울	35.9%	61.9%
	인천	4.1%	
	경기	22.0%	
충청권	대전	1.5%	9.9%
	충분	3.5%	
	충남	4.9%	
호남권	광주	2.2%	6.5%
	전북	2.0%	
	전남	2.3%	
대경권	대구	2.5%	6.2%
	경북	3.7%	
동남권	부산	5.1%	12.6%
	울산	1.7%	
	경남	5.8%	
기타	강원	2.1%	2.9%
	제주	0.6%	
	세종	0.2%	

일본은 지역의 핵심이 되는 중견기업에 대해 강력한 지원책을 펴고 있다. 핵심은 대출지원제도다. 지역경제에 일정한 영향력을 가진 중견기업이 새로운 사업 분야로 진출하는 등의 혁신적 노력과 전략적 경영개선 노력을 할 때 일본의 지역 상공조합중앙금고가 이들에

게 대출을 해준다. 한도는 5억 엔(약 50억 원)이며 일시상환(10년)을 원칙으로 하되 매우 저렴한 이자를 적용하고 있다.[134] 이와 유사한 방식으로 지역의 향토 중견기업을 육성할 필요가 있다.

하지만 이것만으로는 지역의 부족한 중견기업 수를 빠르게 늘릴 수 없다. 하나의 중견기업이 만들어지기까지는 20년 이상의 기간이 필요하다. 이렇게 기다려서는 지역의 중견기업 수를 늘리기 어렵다. 이보다 빠르게 중견기업이 되는 길을 열어주어야 한다. 그 방법이 10장에서 살펴본 3CS 방법이다. 즉 협력적 스케일업C scale-up, 스코프업C scope-up, 그리고 스타트업C start-up이 활발하게 일어날 기회를 지역에 제공하는 것이다. 유사한 작은 기업들을 묶어 규모를 키워주고(협력적 스케일업), 서로 부족한 기능을 채워 충분한 역량을 갖는 기업으로 만들어주며(협력적 스코프업), 많은 중소기업이 출자하여 중견기업을 만들고 이 기업을 통해 국내 및 글로벌 대기업과 거래하도록(협력적 스타트업) 하는 것이다. 자세한 내용에 대하여는 10장을 참조하기 바란다.

향토선도 중견기업을 통한 향토기업 클러스터 구축하기

지역경제가 자생적으로 살아나기 위해서는 향토기업 클러스터가 필요하다. 향토기업 클러스터란 지역에 경제적 기반을 둔 기업들이 협력관계를 통해 자생력을 갖는 생태계를 말한다. 이에 대한 본보기가 일본의 교토 생태계다. 이곳 기업들은 일본의 다른 지역 기업들과 달리 그들만의 협력문화를 바탕으로 글로벌 경쟁력을 갖춘 기업들을 배출했다. 교토는 인구 145만 명의 지방 도시임에도 대학과 지방정부가 유기적으로 협력하여 교토 특유의 중견기업과 강소기업들을 탄생시켰다. 선배기업이 후배기업을 이끌어주고, 대학과 지방자치단체가 기술과 정책으로 후원하는 네트워크가 효율적으로 작동하면서다.

이로 인해 교토는 글로벌 틈새시장에서 세계적 경쟁력을 가지고 있다. 일본경제의 버블 붕괴 후 대부분의 일본기업이 고전을 면치 못했으나 '교토기업'들은 예외적으로 높은 성과를 실현했다.[135] 타 지역 일본 기업들의 성장이 거의 정체되어 있는 동안 교토기업들의 매출은 1990년대 이후 2배 이상 커졌다. 2001년 IT 버블 붕괴로 마쓰시타 등이 대규모 적자를 기록했을 때도 교토기업들은 높은 이익률을 보이며 세계시장에서 선두를 달렸다. 대표적인 기업들이 교세라, 무라타 제작소, 옴론 등으로 이들은 세계적인 종합 전자부품 기업이다. 일본전산, 호리바 제작소, 니치콘, 롬 등은 중견 전문부품업체로서 각 분야에서 세계 최고의 위치에 있다. 호리바는 세계 엔진 배기가스 계측기 시장의 80%를 장악했고 일본전산은 초소형 모터에서 세계시장 70%를 장악했다. 이곳 기업들은 교토라는 지역을 축으로 기업들이 서로 다른 영역에서 특화할 수 있도록 밀어주고 협력하는 문화를 만들어냈다.[136] 이곳의 특징을 〈표 12-2〉가 보여준다.

<표 12-2> 교토식 경영의 특징[137]

구분	일본식 경영	교토식 경영
경영자 출신	현장 출신자의 내부 승진	기술자 출신의 오너
사고방식	전체주의, 관료주의	다양성의 존중
사업 구조	다각화	전문특화
시장 지향성	국내시장 → 세계시장	세계시장 → 국내시장
인사 시스템	연공서열·종신고용	성과주의·유연한 고용
기업 간 거래	계열 중심 수직적 거래	개방형 수평적 거래

교토기업들이 고도의 협력을 할 수 있었던 이유는 이들 기업들 간의 향토애에 기반을 둔 깊은 신뢰관계와 오랜 기간의 교류가 있었기 때문이다. 교토에는 교세라의 이나모리 명예회장을 주축으로 한 '쇼와카이'라는 교토경영자 친목모임이 있다. 이곳을 통해 교토의 핵심 기업인들이 만나고 있으며 모임은 30년 넘게 지속되고 있다. 여기에서 많은 사업정보와 기술정보가 교환되고 필요한 협력을 이끌어내면서 교토만의 특유한 협력문화를 만들어냈다. 자연스럽게 선배기업이 후배기업을 이끌어주고 신생기업을 도와주는 문화가 싹트게 되었다.

이런 교토기업의 정서를 잘 보여주는 사례가 몇 가지 있다. 초소형 모터로 유명한 일본전산이 한 예다. 사업 초기 일본전산은 자금부족으로 큰 어려움에 봉착했다. 이 기업을 살리기 위해 적극 나선 곳이 교토의 대표기업인 옴론이다. 옴론은 자동화기기를 생산하는 기업으로 초정밀모터가 필요했다. 일본전산이 정밀모터를 생산하고 있었지만 재정적 어려움을 겪고 있음을 알았다. 옴론이 자금지원을 하면서 신생기업인 일본전산을 회생시켰다. 세계 최고 수준의 칩 부품을 생산하는 무라타제작소는 시마즈제작소의 도움을 크게 받았다. 고품질의 칩 부품이 필요했던 시마즈는 무라타의 창업 초기부터 이 기업의 강력한 수요처가 되어줌으로 무라타를 세계적 기업으로 키우는 일등공신이 되었다. 교토기업들의 협력은 이런 식이다. 단순한 하청업체가 아니라 필요한 기술이나 서비스를 다른 교토기업으로부터 공급받으며 서로 협력하는 식이다. 교토기업들이 고도의 신뢰를 쌓을 수 있었던 이면에는 이들 기업의 사업 영역이 중복되지 않았다는 이유도 있다. 사업 영역이 중복되면 경쟁은 불가피하여 협력이 어려워지게 된다. 교토기업들은 이업종 간 융합을 중심으로 개별 기업이 아닌 집단 전체가 성장하는 방식을 택하면서 기업 간 신뢰를 높일 수 있었다.

교토기업들 간의 자생적 협력이 성공을 거두자 여기에 관심을 둔 대학과 연구소 및 정부가 생태계에 참여하기 시작했다. 교토 지역에는 교토대학교를 비롯하여 50여 개의 대학들이 운집해 있으며 이들 대학은 벤처창업자들을 배출하는 역할과 신생벤처 및 기존 기업들에게 고급기술을 제공하는 역할을 하고 있다. 교토 지역 대학들은 1995년부터 '교토벤처비즈니스연구소'를 공동으로 설립해 교토 지역의 벤처창업을 지원하고 있다. 이를 통해 기업들만 성장한 것은 아니다. 대학들도 함께 성장했다. 교토기업들이 교토 내 대학들에 대해 적극적인 지원을 했기 때문이다. 무라타제작소, 호리바제작소, 교세라와 같은 기업들은 꾸준히 경제적, 물적 지원을 대학들에게 제공하고 있으며 대학이 필요로 하는 첨단연구 장비 지원에도 적극적이다. 지방정부인 교토시는 교토지역의 창업을 활성화하기 위해 '교토시벤처감정위원회'와 '교토기업가학교'를 설립해 지원하고 있다. 교토시 벤처감정위원회는 교토 클러스터의 핵심기관이다. 호리바제작소, 교세라, 일본전산 등의 기업인들이 이들 기관을 지원하고 있다. 교토시 벤처감정위원회를 통과한 벤처기업에 대해 교토시는 자금지원을 하고 있다. 칸사이TLO, Technology Licensing Organization는 민간조직으로 교토 지역에서 개발된 기술을 사업화할 수 있도록 기술이전 업무를 담당하고 있다. 여기서 교토 지역의 벤처기업에 대한 기술 평가 및 마케팅까지 지원한다.

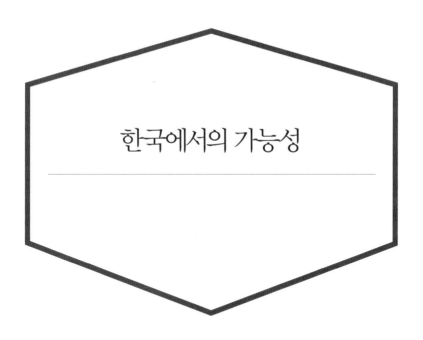

한국에서의 가능성

한국에서도 교토식 기업 생태계가 가능할까? 그 가능성을 보여주는 사례가 나타났다. 온라인 유통 기업인 인터파크, 종합 유통 기업인 GS리테일, 헬스케어 전문기업인 녹십자웰빙, 화장품 및 건강기능식품 ODM 전문기업인 코스맥스, 스타트업 육성 전문기업인 블루포인트 파트너스, 벤처캐피털 인터베스트 그리고 삼성증권 등 7개 기업이 건강과 미용H&B, Health & Beauty 분야에서 교토식 기업 생태계 가능성을 보여주었다.[138] 이들은 '같이! 같이!'라는 슬로건을 중심으로 서로의 강점을 합쳐 창의적 아이디어와 역량을 가진 스타트업 및 중소기업을 발굴하고 육성하는 혁신 생태계 구축사업을 시작했다. 단순히 이들 기업들의 아이디어를 발굴하는 것에 그치는 것이 아니다.

제품개발, 생산, 판매지원은 물론이고 향후 기업공개 시 필요한 지원을 하는 전주기 서비스를 제공한다. 생산지원은 중견기업인 코스맥스가 하며 생산된 제품은 인터파크, GS리테일의 온오프라인 유통망과 녹십자웰빙과 관련이 있는 병의원, 약국 등에 공급된다. 엑셀러레이터(창업기획자) 역할을 하는 블루포인트는 창의성과 역량을 갖춘 벤처와 중소기업 발굴을 추천하며 삼성증권은 발굴된 기업의 자금 조달 및 향후 기업공개까지의 금융 업무를 자문한다. 이들을 통해 한국에서도 교토와 유사한 향토기업 클러스터가 가능할 수 있음을 발견할 수 있다. 서로 뭉친 7개 기업은 교토의 경영자 친목 모임인 '쇼와카이'와 유사하다. 비록 향토기업의 끈끈한 관계는 아니더라도 하나의 목적을 위해 머리를 맞대었다는 점에서 유사성이 있다. 〈그림 12-1〉이 이들 기업의 역할을 보여준다.

이런 방식의 협력이 지속 유지되기 위해서는 참여하는 모든 기업에게 이익이 돌아가야 한다. 의무만 있고 이익이 없는 협력은 깨지기 쉽다. 건강과 미용 클러스터는 이런 점에서 강점이 있다. 새롭게 발굴된 벤처기업이나 중소기업이 코스맥스의 생산시설을 이용해 화장품과 건강식품을 제조하게 되어 코스맥스에게도 사업적 의미가 크다. 생산된 제품은 다양한 유통망을 통해 공급됨으로 유통망에 들어 있는 기업들에게도 사업 기회를 제공한다. 그뿐만 아니라 엑셀러레이터와 벤처 캐피털 역시 유력한 기업들의 도움을 받아 성장하는 유망

〈그림 12-1〉 한국에서의 향토기업 클러스터 가능성: 예시 [139]

주) 1. 번호는 신규 벤처나 중소기업을 발굴하고 지원하는 프로세스
2. 건강과 미용H&B, Health and Beauty

중소벤처기업을 선점할 수 있다. 무엇보다도 중소벤처기업들은 죽음의 계곡과 같은 위험을 회피하면서 성장할 수 있다. 모두가 이익인 공생관계가 이루어지는 것이다. 이런 모습이 바로 교토 생태계의 핵심이다. 이런 모습이 한국의 지역경제 내에서도 이루어질 수 있음을 건강과 미용 사례가 암시하고 있다. 이것을 정착시키기 위해서는 정부의 적극적 지원이 필요하다. 다음으로 정리할 수 있다.

- 향토기업 클러스터 정부사업 확정: 향토기업 클러스터 사업의 중 요성을 정부가 인식하고 지원하기 위한 사업을 확정할 필요가 있다. 이 사업에 선정된 향토기업 클러스터에 대해 세제, 연구개발과 제 신청 우대 및 자금지원, 기타 신시장 개척 등을 위한 정부지원 사업이 마련되어야 한다.

- 향토기업 클러스터를 지원할 지역생태계 구축: 구축될 향토기업 클러스터에 대해 지방정부, 정부지원기관, 민간기관에 의한 지원 생태계가 구축되어야 한다. 이때 축이 되는 기업은 향토선도 중 견기업이다. 지역경제를 이끌어가는 중심축을 지역에 깊숙이 뿌 리박고 있는 선도 중견기업이 해줄 필요가 있다.

- 향토기업 클러스터 선정: 적어도 두 개 이상의 기업(1개 기업은 반 드시 지역을 기반으로 하는 향토선도 중견기업이어야 함)이 협력 의지를 갖추고 참여하는 클러스터를 심사하고 선정할 필요가 있다.

- 향토선도 중견기업에 대한 지원: 향토기업 클러스터를 이끄는 향 토선도 중견기업에 대한 정부지원이 필요하다(세제, 연구개발자금 및 향토기업 클러스터 연구개발과제신청 우선 지원 등).

- 향토기업 클러스터의 지원적 모니터링: 선정된 향토기업 클러스 터가 원활히 작동되는지를 살피면서 부족한 것을 채워주기 위한 정부지원이 있어야 한다. 단, 정부가 재정을 지원했다는 이유로 관료적 통제나 사후 적발감사 등에 주력하면 향토기업 클러스터

는 절대로 성공하기 어렵다. 정부는 향토기업 클러스터에 대한 지원에 중점을 두되 간섭을 최소화해야 한다.

한국, 이탈리아와 핀란드가 될 것인가,
독일이 될 것인가?

이 책은 무작정 중견기업을 키우고 육성하자는 목적으로 써진 것이 아니다. 중견기업을 통해 한국이 당면한 여러 문제를 해결할 수 있음을 설명하고자 마련되었다. 한국은 양극경제를 가지고 있다. 고용은 중소기업에 그리고 부가가치는 대기업에 의존하는 경제구조다. 국가가 중소기업에의 의존도가 너무 높으면 외부충격 시 이를 극복할 힘이 약해진다. 대기업 의존도를 낮추지 못하면 이들 기업이 붕괴 시 국가도 위험해질 수 있다. 이탈리아는 영세한 중소기업에 의존하다 글로벌 금융위기에서 직격탄을 맞았다. 핀란드는 초대형 기업 노키아에 의존하다 같은 운명을 맞았다. 한국의 경우는 고용은 이탈리아형에 부가가치는 핀란드형에 가깝다. 이 경우 1997년의 IMF 시대와 2008년의 글로벌 금융위기 같은 것이 또 몰려오면 국가가 치명상을 입을 수 있다. 이탈리아와 핀란드의 취약점을 한국이 동시에 가지고 있어서다.

이 문제를 해결하기 위해서는 고용과 부가가치 생성에서 위험을 분산시켜줄 제3의 주체가 필요하다. 이들이 바로 중견기업이다. 독일이 이 해답을 제공했다. 2000년 전까지만 해도 독일 정부는 미텔슈탄트에 큰 관심이 없었다. 하지만 독일은 1990년대 경제가 붕괴하는 과정을 지켜보면서 해결책을 미텔슈탄트에서 찾았다. 미텔슈탄트를 부활시키기 위한 각고의 노력 끝에 독일은 제조업에서 경쟁력을 되찾았다. 2008년 미국발 금융위기를 맞았지만 이들 기업이 방어막을 쳐주었다. 중견기업이 이렇게 중요함에도 한국은 중견기업을 중소기업과 대기업 사이에 끼어 있는 박쥐 정도로 인식하고 있다.

중견기업이 육성된다는 것은 비단 중견기업에게만 의미 있는 일이 아니다. 중견기업이 많아지기 위해서는 더 많은 우량 중소기업이 육성되어야 한다. 좋은 중견기업이 많아지면 경쟁력 있는 새로운 대기업들이 늘어난다. 이렇게 되면 한국경제를 대표하는 기업들이 바뀔 수 있다. 한국은 언제까지 1970~1980년대 성장한 대기업들을 국제무대의 간판선수로 내보낼 것인가? 스포츠 경기에서 세대교체가 중요한 것처럼 기업과 산업에서도 세대교체가 매우 중요하다. 세대교체가 잘 일어나야 새로운 부가가치를 만들어내는 기업들이 한국에 가득 차게 된다. 그래야 과거 한국에게 붙여진 '다이내믹 코리아'라는 별칭도 되찾을 수 있다. 이 책은 이런 한국을 꿈꾸며 마련되었다.

중견기업 판단 기준

1. 규모 기준

해당 업종		중견기업
6개 업종 제조업	의복, 의복 액세서리와 모피 제조업	3년 평균 매출액 1,500억 원 초과
	가죽, 가방과 신발 제조업	
	펄프 종이와 종이제품 제조업	
	1차 금속 제조업	
	전기장비 제조업	
	가구 제조업	
비제조업 2개 업종	농업, 임업, 어업	3년 평균 매출액 1,000억 원 초과
	광업	
제조업 12개 업종 제조업	식료품 제조업	
	담배 제조업	
	섬유제품 제조업(의복 제조업 제외)	
	목재와 나무제품 제조업(가구 제조업 제외)	
	코크스 연탄과 석유 정제품 제조업	
	화학물질과 화학제품 제조업(의약품 제조업 제외)	
	고무제품과 플라스틱 제조업	
	금속가공제품 제조업(기계와 가구 제조업 제외)	
	전자부품, 컴퓨터, 영상, 음향 및 통신장비 제조업	
	그밖의 기계와 장비 제조업	
	자동차와 트레일러 제조업	
	그밖의 운송장비 제조업	
비제조업 3개 업종	전기, 가스, 증기와 수도사업	
	건설업	
	도매와 소매업	

제조업 6개 업종	음료 제조업	3년 평균 매출액 800억 원 초과
	인쇄와 기록매체 복제업	
	의료용 물질과 의약품 제조업	
	비금속 광물제품 제조업	
	의료, 정밀, 광학기기와 시계 제조업	
	그밖의 제품 제조업	
비제조업 3개 업종	하수, 폐기물 처리, 원료재생과 환경 복원업	
	운수업	
	출판, 영상, 방송통신과 정보 서비스업	
비제조업 5개 업종	전문, 과학과 기술 서비스업	3년 평균 매출액 600억 원 초과
	사업시설관리와 사업 지원	
	보건업과 사회복지 서비스업	
	예술, 스포츠와 여가 관련 서비스업	
	금융과 보험업, 수리와 기타 개인 서비스업	
비제조업 3개 업종	숙박과 음식점업	3년 평균 매출액 400 억 원 초과
	부동산업과 임대업	
	교육 서비스업	

자료원: 중견기업연합회

2. 상한 기준 및 독립성 기준(업종 무관)

자산총액기준	자산총액 5,000억 원 이상(최초 1회에 한하여 유예기간 적용)
독립성 기준	1. 자산총액 5,000억 원 이상인 법인의 피출자 기업 2. 관계기업에 속하는 기업 3. 상호출자제한기업집단 등에 속하지 않은 기업 4. 자산총액 10조 원 이상의 법인(외국법인 포함)이 출자하지 않은 기업 (최초 1회 유예기간 적용)

자료원: 중견기업연합회
상호출자제한기업집단 지정 현황(2017년 기준)

순위	기업집단명	동일인	계열회사수
1	삼성	이건희	62
2	현대장동차	정몽구	53
3	에스케이	최태원	96
4	엘지	구본무	68
5	롯데	신격호	90
6	포스코	(주)포스코	38
7	지에스	허창수	69
8	한화	김승연	61
9	현대중공업	정몽준	29
10	농협	농협협동조합중앙회	81
11	신세계	이명희	37
12	케이티	(주)케이티	38
13	두산	박용곤	26
14	한진	조양호	34
15	씨제이	이재현	70
16	부영	이중근	22
17	엘에스	구자홍	45
18	대림	이준용	26
19	금호아시아나	박삼구	28
20	대우조선해양	대우조선해양(주)	14
21	미래에셋	박현주	41
22	에쓰-오일	에쓰-오일(주)	2
23	현대백화점	정지선	29
24	오씨아이	이수영	22
25	효성	조석래	46
26	영풍	장형진	23
27	케이티앤지	(주)케이티앤지	9
28	한국투자금융	김남구	28
29	대우건설	(주)대우건설	14
30	하림	김홍국	58
31	케이씨씨	정몽진	7
합계			1,266

주) 1. 그림자 표시는 2017년도에 추가 지정된 곳
자료원: 중소기업청·한국중견기업연합회, 중견기업 범위해설(2017)

미주

1 한국은행, e-나라지표.

2 한국은행, OECD, 자유광장, 2015, 한국경제 위기 징후 10가지.

3 한국은행, OECD.

4 World Bank, Trade.

5 앞의 자료

6 https://infogram.com/average-life-span-of-sandp-500-companies-1g143mn455742zy

7 ETF Database, Investopia.

http://etfdb.com/history-of-the-s-and-p-500/#2010

https://www.investopedia.com/articles/investing/070116/top-performers-sp-500-year.asp

https://www.slickcharts.com/sp500

8 에프앤가이드(FnGuide)를 통해 작성.

9 통계청, 2014년.

http://magazine.hankyung.com/apps/news?popup=0&nid=01&c1=1001&nkey=2017
052901122000051&mode=sub_view

10 다른 통계가 제시되기도 한다. 전체 기업 수 중 99% 이상이 중소기업인 것은 맞지만
고용비중은 발표기관마다 다르다. 중소기업중앙회는 2015년 사업체(중소기업 + 소상
공인)를 기준으로 중소기업 고용률은 90.2%라고 밝혔다. 같은 해 전국경제인연합회
는 '우리나라 기업 생태계 분석'이라는 보고서에서 중소기업 수 비중은 99.9%지만 고
용률은 76.2%라고 주장했다. 이런 차이가 발생하는 이유는 통계작성 방식 때문이다.
예로, 당시 직원 수가 5,000명이 훌쩍 넘는 스타벅스코리아(2017년 기준 10,000명이
넘음)에 대해 중소기업중앙회는 개별 지점 하나 하나를 중소기업으로 분류하였고 전
국경제인연합회는 하나의 대기업으로 분류했기 때문이다. 이렇게 되면 스타벅스코리
아는 중소기업으로 분류될 수도 있고 대기업으로 분류될 수도 있다.

11 조기준, 1969, 조선물산장려운동의 전개과정과 그 역사적 성격, 역사학보, 41: 84-
118.

12 https://ko.wikisource.org/wiki/%EC%A1%B0%EC%84%A0_%EB%AC%BC%EC%
82%B0_%EC%9E%A5%EB%A0%A4%ED%9A%8C_%EC%B7%A8%EC%A7%80
%EC%84%9C

13 Iansity, M. and Levien, R. 2014. Strategy as ecology, Harvard Business Review,
March, 1-10.에서 제시된 강건성, 생산성, 혁신성에 안정성을 추가함. 안정성이 약한
기업들은 과도한 타인자본의 활용으로 좀비기업화 할 가능성이 높기 때문에 추가함.

14 코트라, 2012, 주요 국가들의 중견기업 현황 비교(일부 수정).

15 https://www.ifm-bonn.org/definitionen/mittelstandsdefinition-des-ifm-bonn/

김은경, 독일 미텔슈탄트의 성공 요인과 정책적 시사점, EU학 연구, 21(1): 39-72.

16 Venohr, B. Fear, J. & Witt, A. 2015. Best of German Mittelstand - The world market
leaders. In Langenscheidt, F. & Venohr, B.(Eds.). The best of German mittelstand.
Cologne: Deutsche Standards Editionen.

17 Simon, H. 2009. Hidden Champions of the 21st Century: Success Strategies of
Unknown World Market Leaders. London: Springer.

18 2014년-중견기업연합회, 통계청(2015년 기준 영리법인 기업체 행정통계; 2015.16

년-통계청(2015, 2016년 기준 영리법인 기업체 행정통계).

19 통계청, 2016년 기준 영리법인 기업체 행정통계.

20 앞의 자료

21 Reynolds, R. L. 2005. Alternative Microeconomics(online).

http://www.boisestate.edu/ECON/LREYNOL/WEB/Micro.htm

22 앞의 문헌

23 기획재정부 정책게시판.

http://mosf.go.kr/com/bbs/detailComtPolbbsView.do;jsessionid=8KRFNPXCEvdN4
4v3AcIPL7p6.node20?searchBbsId1=MOSFBBS_000000000039&searchNttId1=OL
D_38650&menuNo=5020200

24 Mittelstaedt, J. D., Harben, G. N., & Ward, W. A. 2013. How small is too small?
Firm size as a barrier to exporting from the United States. Journal of Small Business
Management, 41(1): 68-84.

25 Fryges, H. 2007. Change of sales mode in international markets: Empirical results for
German and British high-tech firms. Progress in International Business Research, 1:
139-185.; Melitz, M. J. 2003. The impact of trade on intra-industry reallocations
and aggregate industry productivity. Econometrica, 71(6): 1695-1725.

26 손동원, 2004, 벤처 진화의 법칙: 벤처기업과 벤처생태계의 공진화, 서울: 삼성경제연
구소.

27 2014, 2015, 2016년 3년 평균 기준

28 http://biz.chosun.com/site/data/html_dir/2018/11/05/2018110503939.html

29 http://hankookilbo.com/v/799206c760b34d418959dff33f839187

30 중소기업청, 2015, 제1차(2015-2019) 중견기업 성장촉진 기본계획.

31 Banerjee, R. 2014. SMEs, Financial constraints and growth, BIS Working Papers, No.
475.

32 유럽 통계청(한국은행, 2012, 국제경제정보)

33 Thompson Reuters Datastream

https://azmytheconomics.wordpress.com/2012/11/29/european-macroeconomic-policy/euro-zone-real-gdp-growth-since-2007/

34 Di Quirico, R. 2010. Italy and the global economic crisis. Bulletin of Italian Politics, 2(20): 3-19.

35 Westergard-Nielsen, N. and Neamtu, I. 2012. How are firms affected by the crisis and how do they react?, IZA DP, No. 6671.

36 앞의 연구

37 EURO 통계청, European trade union institute, Industrial relations in Italy.

https://www.etui.org/ReformsWatch/Italy/Industrial-relations-in-Italy-background-summary

38 한국은행, 2012, 국제경제정보

39 중소기업청, 2015, 제1차(2015~2019) 중견기업 성장촉진 기본계획

40 Banerjee (2014)

41 Ali-Yrkko, J. 2010. Introduction and synthesising discussion. In Jyrki Ali-Yrkko (Ed.) Nokia and Finland in a Sea of Change, 2-8. ETLA?Research Institute of the Finnish Economy, Taloustieto Oy. Helsinki.

42 Mehta, S. 2016. Finland's economic freeze. Claremont-UC Undergraduate Research Conference on the European Union, Vol. 2016, Article 5.

43 Ali-Yrkko, J. 2010. The role of Nokia in the Finnish economy. In Jyrki Ali-Yrkko (Ed.) Nokia and Finland in a Sea of Change, 10-36. ETLA?Research Institute of the Finnish Economy, Taloustieto Oy. Helsinki.

44 앞의 연구

45 핀란드 통계청

http://www.edaily.co.kr/news/NewsRead.edy?newsid=01640006609337760&SCD=JH31&DCD=A00803

46 Nordea Markets and Macrobond, World Economic Forum. 2015. What's happening to Finland's economy?

https://www.weforum.org/agenda/2015/07/whats-happening-to-finland-economy/

47 Labonte, M. 2015. Systemically important or "too big to fail" financial institutions, Congressional Research Service, 7-5700.

48 앞의 연구

49 중소기업청, 2015, 제1차(2015~2019) 중견기업 성장촉진 기본계획.

50 Banerjee, R. 2014. SMEs, Financial Constraints and Growth, BIS Working Papers, No. 475.

51 Simon, H. 2012. Hidden Champions Vanguard for Globalia, University of Economics Prague.

52 Simon, H. 2014, 히든 챔피언: 글로벌 원정대, 배진아 옮김, 서울 : 흐름출판

53 Euromonitor Macro Model and International Statistics, (Solomon, D. 2014. The recovery from the global financial crisis of 2008: Missing in action.)

https://blog.euromonitor.com/2014/11/the-recovery-from-the-global-financial-crisis-of-2008-missing-in-action.html

54 양서영, 2018, 노동생산성 증가세 둔화원인과 대응방안, 위클리 KDB 리포트, 2018. 4. 2.

55 통계청, 2016년 기준 영리법인 기업체 행정통계.

56 Christensen, C. & Raynor, M. 2003. The innovator's solution. Boston: Harvard Business School Press.

57 Cohen, W. M. 2010. Fifty years of empirical studies of innovative activity and performance. Handbook of the Economics of Innovation, 1: 129-213; Gilbert, R. J. 2006. Looking for Mr. Schumpeter: Where are we in the competition-innovation debate?, Innovation Policy and the Economy, 6: 159-215.

58 Zemplinerova, A. 2010. Innovation activity of firms and competition. Politicka Ekonomie, 58(6): 747-760.

59 Cohen, W. M., Levin, R. C., & Mowery, D. C. 1987. Firm size and R&D intensity: A re-examination. The Journal of Industrial Economics, 35(4): 543-565.

60 Barbosa, N., & Faria, A. P. 2011, Innovation across Europe: How important are institutional differences?, Research Policy, 40(9): 1157-1169.

61 미래창조과학부 · 한국과학기술기획평가원, 2015년도 연구개발활동조사 주요결과(안), 2016. 12.9; 산업통상자원부, 2017, 중견기업 정책혁신 범부처 TF 출범자료.

62 황인학, 2017, 우리나라 R&D 활동과 조세지원제도의 문제점, KERI Brief, 2017.5.17(일부 수정).

63 중견기업연합회, 2015, http://news.donga.com/3/all/20161108/81234387/1

64 한국자동차산업협회, 한국자동차산업협동조합.

http://news.hankyung.com/article/2018091139631

65 IBK경제연구소, 2018, 한국 자동차부품산업의 경쟁력분석과 대응방안.

66 산업통상자원부, 2016, 세계일류상품 선정(연합뉴스 2016. 01. 06).

http://www.yonhapnews.co.kr/bulletin/2016/01/06/0200000000A
KR20160106056600003.HTML

67 앞의 자료

68 통계청, 2016년 기준 영리법인 기업체 행정통계.

69 통계청 · 관세청, 2017, 2017년 기준 기업특성별 무역통계(속보).

70 Kotra, 2017, 우리나라 수출과 지원사업의 일자리 창출효과.

71 스포츠조선, 2018년 1.3일 기사, 기업 72% 올해 신입사원 채용, 평균연봉 2464만원.

72 고용계수는 기업의 총매출액을 기준으로 하여야 하나 현실적으로 이에 대한 자료를 얻을 수 없어 수출 100만 달러당 고용 수를 활용하기로 함. 기업에 따라서는 수출을 하지 않는 기업들도 있어 이로 인한 해석상의 한계가 있을 수 있음.

73 중견기업연합회(2015)

http://www.fnnews.com/news/201504261727447159

74 중견기업연구원, 2016, 중소-중견-대기업 성장생태계 발전방안.

75 앞의 자료

76 앞의 자료

77 대한상공회의소, 2013, 중견기업의 4대 성장장애와 5대 기업활동애로.

78 중소기업청, 2015 (앞의 사이트).

79 http://www.dt.co.kr/contents.html?article_no=2012121402010457793001

80 산업연구원, 2012, 한국기업생태계의 미래.

81 공정거래위원회, http://www.ftc.go.kr/policy/compet/economicNotion.jsp

82 중소기업청, 2015, 제1차(2015~2019) 중견기업 성장촉진 기본계획.

http://www.ahpek.or.kr/main/bbs/board_view.php?pk_seq=182&sc_bo_table=news5&page=1&

83 한국경제연구원(keri), 2004, 글로벌 경쟁체제와 중소기업 정책의 새로운 방향, 정책보고서. 2004-07.

84 홍승표, 2013, 해외 주요국 중소? 벤처기업 정책 분석, ICT Insight 2013-5, 정보통신산업진흥원.

85 KOTRA, 2012, 주요 국가들의 중견기업 현황 비교, Global Market Report 12-069.

86 이하의 내용은 앞의 보고서를 참조하였음.

87 推動中堅企業躍升計畫 具體措施, 經濟部, 教育部, 內政部, 勞動部, 科技部, 2016. 5. (중견기업연구원, 2017, 대만 중견기업 도약 추진계획의 주요 내용 및 시사점, HERI 국내외정책동향, 2017-1. 보다 자세한 내용은 본보고서 참조.)

88 http://magazine.hankyung.com/business/apps/news?popup=0&nid=01&c1=1001&nkey=2017112001147000291&mode=sub_view

89 중견기업연구원, 2017, 독일 미텔슈탄트 4.0전략의 주요 내용 및 시사점, HERI 국내외정책동향, 2017-3. 이하의 내용은 본보고서를 참조하였음. 보다 자세한 내용은 본보고서 참조.

90 BMWi. 2017. Mittelstand-digital: strategien zur digitalen transformation der unternehmens prozesse, Mittelstand 4.0-Kompetenzzentren.

91 중견기업연구원(2017) 보고서

92 이하의 내용은 다음을 참조하였음. 중소기업청, 2015, 제1차(2015~2019) 중견기업 성장촉진 기본계획.

93 중견기업연구원, 2017, 일본 중견기업 지원제도의 주요 내용 및 시사점, HERI 국내외 정책동향, 2017-2. 이하의 내용은 본 보고서를 참조하였음. 더 자세한 내용은 본보고서 참조.

94 자료원: 중소기업청, 한국중견기업연합회, 2017, 2016년 중견기업 실태조사.

http://www.ahpek.or.kr/letter/170206/file_20170206.pdf

95 International Fiscal Association, 2015 Basel Congress, Tax incentives on Research and Development (R&D), Cahiers de droit fiscal international, Vol. 100A. (이경근, 2015, 연구개발(R&D)관련 조세감면제도의 향후 정책방향에 대한 제언, 계간 세무사, 가을호, 4-17에서 간접 인용).

96 European Commission, 2014, A study on R&D tax incentives - Final report, Taxation Papers, Working Paper N.52-2014.(이경근(2015)에서 간접인용).

97 중소기업청, 2015, 제1차(2015~2019) 중견기업 성장촉진 기본계획.

98 중견기업연구원, 2015, 통계분석을 통한 중견기업 성장요인 연구.

99 http://www.oneshot.or.kr/sub/law/summary.asp

100 http://www.oneshot.or.kr/sub/support/commercial_law.asp

101 http://www.oneshot.or.kr/sub/support/fair_trade_act.asp

102 http://www.oneshot.or.kr/sub/support/tax_system_fund.asp

103 http://www.oneshot.or.kr/sub/support/error_solution.asp

104 http://www.oneshot.or.kr/sub/support/etc_support.asp

105 Madsen, T. K., & Servais, P. 1997. The internationalization of born globals: an evolutionary process? International business review, 6(6): 561 -583.; Knight, G. A.,

& Cavusgil, S. T. 2004. Innovation, organizational capabilities, and the born-global firm. Journal of International Business Studies, 35(2): 124-41.

106 Oviatt, B. M., & McDougall, P. P. 1994. Toward a theory of international new ventures. Journal of international business studies, 25(1): 45-64.

107 Jolly, V. K., Matti, A., & Jean-Pierre J. 1992. Challenging the incumbents: How high technology start-ups compete globally. Journal of Strategic Change, 1: 71-82.

108 Kraus, S., Brem, A., Schuessler, M., Schuessler, F., & Niemand, T. 2017. Innovative born globals: Investigating the influence of their business models on internaltional performance. International Journal of Innovation Management, 21(1): 1750005.
https://doi.org/10.1142/S1363919617500050

109 Kraus & Brem(2016)

110 Bell, J., McNaughton, R., & Young, S. 2001. 'Born-again global' firms-an extension to the 'born global' phenomenon. Journal of International Management, 7(3): 173-189.

111 한국산업기술진흥원KIAT
http://www.worldclass300.or.kr/integ/sub01_03_01.jsp

112 산업통상자원부

113 박양균. 2009. 차등의결권주식의 경제학적 분석. 규제연구. 18(1): 143-172.

114 http://news.hankyung.com/article/2018020974441

115 http://biz.chosun.com/site/data/html_dir/2018/09/27/2018092701409.html

116 http://plus.hankyung.com/apps/newsinside.view?date=20180928&face=A003&orgId=001330690

117 http://news.hankyung.com/article/2018092721481

118 앞의 기사

119 Fernandez-Araoz, C., Iqbal, S., & Ritter, J. 2015. Leadership lessons from great

family businesses. Harvard Business Review, April: 82-88.

120 Dahne, N. 2018. Introducing German Mittelstand.

http://nilsdaehne.com/downloads/20180108_IGM_Lecture_WS1718.pdf

121 Massa, M. 2014. Family ownership channels to innovation. Knowledge, Leadership and organization, INSEAD.

https://knowledge.insead.edu/leadership-organisations/family-ownership-channels-to-innovation-3587

122 PwC. 2012. Family firm: A resilient model for the 21st century. PwC Family Business Survey, 2012.

123 Koiranen, M. 2002. Over 100 years of age but still entrepreneurially active in business: Exploring the values and family characteristics of old finnish family firms. Family Business Review, 15: 175-188.

124 국세청, 2017, 중소 · 중견기업 경영자를 위한 가업승계 지원제도 안내.

125 http://news.hankyung.com/article/2018110488471

126 중소기업청, 한국중견기업연합회, 2017, 2016년 중견기업 실태조사.

127 중소기업청, 한국중견기업연합회, 2017, 2016년 중견기업 실태조사.

128 자료원: 중소기업청, 한국중견기업연합회, 2017, 2016년 중견기업 실태조사.

129 1998년 벤처확인 제도 시행 후 벤처 확인을 받은 6만 1,301개 기업(2016년 기준)을 대상으로 실시하였음.

130 http://news.mk.co.kr/newsRead.php?year=2017&no=864092

131 중소벤처기업부

http://biz.chosun.com/site/data/html_dir/2017/09/25/2017092502896.html

132 중소기업청

https://news.joins.com/article/20339442

133 중견기업연합회, 2016, 2015년 중견기업 실태조사.

134 중견기업연구원, 2017, 일본 중견기업 지원제도의 주요 내용 및 시사점.

135 양준호 · 구본관 · 복득규, "교토식 경영의 특징과 시사점", CEO Information, 삼성경제연구소, 2005.

136 스에마쓰 치히로, 2008, 우경봉 역, 교토식 경영, 아라크네.

137 삼성경제연구소, 2005, 교토식 경영의 특징과 시사점, CEO Information, 제501호.의 수정

138 http://www.cosmax.com/publicize/news_cosmax_view.asp?idx=551&page=1&searchType=&searchKey=

139 http://www.cosmax.com/publicize/news_cosmax_view.asp?idx=551&page=1&searchType=&searchKey=

국가경쟁력, 중견기업에서 답을 찾다

초판 1쇄 인쇄 2019년 5월 8일
초판 1쇄 발행 2019년 5월 15일

지은이 이홍
펴낸이 안현주

경영총괄 장치혁
디자인 표지·본문 최승협
마케팅영업팀장 안현영

펴낸곳 클라우드나인   **출판등록** 2013년 12월 12일(제2013-101호)
주소 우) 121-898 서울시 마포구 월드컵북로 4길 82(동교동) 신흥빌딩 6층
전화 02-332-8939   **팩스** 02-6008-8938
이메일 c9book@naver.com

값 15,000원
ISBN 979-11-89430-22-1 03320